ALTERNATIV HEILEN

Herausgegeben von Gerhard Riemann

Ingrid S. Kraaz von Rohr ist eine erfahrene Heilpraktikerin, die sich durch ihre Arbeit mit Homöopathie, Bach-Blüten und Farbtherapie einen Namen gemacht hat. In der Nähe von München führt sie eine Praxis. Mehrere Jahre lang war Frau von Rohr im Berufsverband der deutschen Heilpraktiker an leitender Stelle in der Fortbildung tätig. Sie hat die Akademie für Natürliche Komplementär-Medizin begründet und hält Vorträge für Angehörige von Heilberufen und interessierte Laien. Sie entwickelte den »12-Farben-Test«, gibt Beratungen und erstellt Farbkonzepte für Unternehmen. Viele ihrer Bücher über Naturheilkunde gelten heute als Standardwerke. Im Mittelpunkt ihrer Arbeit steht die Synthese von Spiritualität und langjähriger Erfahrung mit Naturheilkunde.

Wulfing von Rohr ist Fachbuchautor und Fernsehjournalist. Er recherchiert und schreibt über Themen aus den Bereichen Naturheilkunde, Esoterik, Meditation und Weltkulturen. Neben seiner Arbeit für das ZDF hat er eine Selbsthilfereihe über Naturheilkunde und esoterisches Wissen auf Video herausgegeben sowie eine Buchreihe »Magisch Reisen«. Mit seiner Übersetzung des Originalwerkes von Dr. Bach Anfang der siebziger Jahre legte er in Deutschland den Grundstein für die Verbreitung dieser sanften Selbsthilfetherapie.

Dieses Buch wurde auf chlor- und säurefreiem Papier gedruckt.

Originalausgabe Januar 1995

Umschlagillustration: Susannah zu Knyphausen
Satz: Alinea, München
Druck und Bindung: Ebner Ulm
Printed in Germany
ISBN 3-426-76085-1

5 4 3 2 1

Ingrid S. Kraaz von Rohr
Wulfing von Rohr

Bach-Blüten und spirituelle Heilung

Eine Synthese von Farbtherapie und Blütenessenzen – mit 39 Meditations-Farbkarten

Knaur®

Widmung

Dieses Buch ist einem herausragenden Arzt und Philosophen unseres Jahrhunderts gewidmet, Dr. Edward Bach, und der Fortentwicklung seiner beispielhaften Forschungen. Es ist ebenso allen Mitmenschen gewidmet, die ganzheitliche Gesundheit verwirklichen, geistigen Sinn erfahren und verantwortungsvoll leben möchten.

Wir danken den sichtbaren und unsichtbaren geistigen Führern und Helfern, ganz besonders Sant Darshan Singh, und den großartigen Ärzten und Heilern der Geschichte, darunter Paracelsus und Samuel Hahnemann. Wir sind dankbar für ihre geistigen und medizinischen, für ihre philosophischen und naturheilkundlichen Erkenntnisse. Sie begreifen Gesundheit als Ganzes von Körper, Seele und Geist. Ihre Arbeit wurde von Dr. Edward Bach fortgesetzt. Auf diesen Fundamenten sowie der eigenen Erfahrung mit Naturheilkunde und insbesondere Farbtherapie bauen die hier vorgestellten Weiterentwicklungen einer ganzheitlichen Gesundheitskunde auf.

Inhalt

Einleitung

In einem »Appell an meine Kollegen im ärztlichen Beruf« schrieb Dr. Edward Bach ausdrücklich darüber, daß die von ihm entdeckten Blütenheilmittel in Verbindung mit anderen Naturheilverfahren eingesetzt werden können und sollen:

»Die Heilpflanzen, die ich erwähnte, können in Verbindung mit jeder herkömmlichen Behandlungsweise eingesetzt werden, jeder Verordnung hinzugefügt werden, und sie werden die Behandlung in allen Fällen beschleunigen und unterstützen, seien es akute oder chronische Leiden, die somit erfolgreich behandelt werden. Wir sind in einer Zeit, in der die Schulmedizin mit einem Teil der Krankheit in diesem Lande nicht fertig wird; und es ist Zeit, das Vertrauen der Menschen wiederzugewinnen und unserem edlen Ruf Berechtigung zu verschaffen.« (Zitiert nach *Gesammelte Werke*, Aquamarin Verlag.)

Wir stellen hier eine ganz im Sinne Dr. Bachs erweiterte Einsatzmöglichkeit der Bachblüten vor. Dabei gehen wir von den sieben positiven Gesundheitskräften aus, die den von Dr. Bach negativ bezeichneten Gruppen gegenüberstehen. Bereits die Entdeckung der sieben positiven, heilsamen Kräfte, die den sieben Bachgruppen entsprechen, wird sicher vielen Menschen – Patienten und Behandlern – die Augen für das öffnen können, was hinter den sieben Hauptursachen für Krankheit steht.
Farbtherapie ist ein Naturheilverfahren, das so alt ist wie die Menschheit selbst. Schon in der Antike hat man die

heilende Wirkung von Licht erkannt und Sonnenbäder zur Genesung empfohlen – bei starken Irritationen manchmal auch abgeschiedene Dunkelheit. In Indien wurde die Farbtherapie vermutlich erstmals systematisch eingesetzt. Wir wissen, daß man dort die Zuordnung von bestimmten Farben zu bestimmten Kraftzentren oder Chakren feststellte und diese oder komplementäre Farben einsetzte, um die Chakren zu harmonisieren.

Farbtherapie eignet sich für die Erste Hilfe (zum Beispiel Magenta-Rot auf den »Wiederbelebungspunkt« unterhalb der Nase bei Ohnmacht oder Schwindel), als Kurzzeitbehandlung (zum Beispiel Rot und Grün abwechselnd auf die Nasenflügel bei Fließschnupfen) als auch zur Langzeittherapie (zum Beispiel mit Blau bei Tumoren).

In meiner eigenen Praxis habe ich erfahren dürfen, wie wunderbar sich die Behandlung mit den Bachblüten-Heilmitteln und Farbtherapie ergänzen und verstärken. Es scheint mir eine geradezu ideale Kombination »noninvasiver«, also nicht eingreifender bzw. nicht einschneidender, Naturheilverfahren zu sein, die den Menschen auf vielen Schwingungsebenen gleichzeitig anspricht.

Dieses Buch ist in drei Teile gegliedert. Zunächst lernen wir die Bachblüten im ersten Teil, »Die sieben Heiler«, von einer ganz neuen Seite kennen. Im zweiten Teil gehen wir auf Farbe und Bachblüten ein. Im dritten Teil schließlich stellen wir die spirituelle Dimension von Heilung mit Bachblüten, Farbe und Meditation dar. Im Anhang finden Sie schließlich nützliche Literatur-, Seminar- und Bezugsquellenhinweise.

Teil I

Die sieben Heiler:
Mit Bachblüten die Gefühle heilen

Das Wunder der Bachblüten

Alles Große ist einfach

»Alles Große ist einfach«, lautet die weithin bekannte Einsicht von Philosophen der Antike, die gerade heute, in einer immer komplexer und unübersichtlicher werdenden Welt, hohe Aufmerksamkeit verdient.

Groß und gleichzeitig einfach sind die Entdeckungen von Dr. Edward Bach. Er hatte formuliert, daß Krankheit nicht von außen kommt, sondern aufgrund von emotionalen und seelischen Disharmonien und Dissonanzen entsteht. Er hatte sieben klar definierte Krankheitsursachen benannt: Angst, Unsicherheit, mangelndes Gegenwartsinteresse, Einsamkeit, Überempfindlichkeit, Verzweiflung und übertriebene Fürsorglichkeit. Zu diesen sieben Ursachen fand er nach und nach 38 heilende Blütenkräfte.

Das Einfache ist auch die Konzentration auf die von Dr. Bach erkannten sieben Gruppen und sein Prinzip, nicht die Krankheit, sondern den Menschen zu behandeln. Das Neue an diesem Buch besteht darin, daß erstmals die sieben positiven Kräfte der Gesundheit in den Mittelpunkt gerückt werden. Sprach Bach noch von den Negativursachen von Krankheit, so werden hier die Gesundheits- und Selbstheilungskräfte im Menschen als Grundlage der ganzheitlichen Gesundheit und jedes Gesundungsprozesses beschrieben.

Urvertrauen, Selbstbewußtsein, aktive Anteilnahme, Einssein, Eigenverantwortung, Dankbarkeit und Unterscheidungskraft sind die schöpferisch heilenden sieben Lebenskräfte. Zu jeder Gruppe und zu jeder Bachblüte

werden die Positivkräfte, Heilgedanken und Heilfarben genannt, deren Schwingungen Gesundheit bewirken.
Dieses Buch führt zurück zu den Quellen, aus denen Dr. Bach schöpfte, und weist gleichzeitig den Weg zur zeitgemäßen Weiterentwicklung seiner Forschungs- und Heilergebnisse.
Es zeigt Laien und Medizinern, Patienten und BehandlerInnen einen klaren und leichten Weg zu den Gesundheitsprinzipien der Bachblütentherapie. Es öffnet diese Heilkunde – ohne falsche Scheuklappen oder Allheilmittelansprüche – für die (Selbst-)Behandlung, als Kombination mit anderen Therapien und zur ganzheitlichen seelischen Gesundung.
Die Rückbesinnung auf die sieben Gruppen ist ein Durchbruch für die Bachblütenliteratur. Dies ist kein weiteres »Rezeptbuch« oder nur eine Sammlung individueller »Fallbeispiele« (die man ohnehin nicht übertragen kann), sondern ein echtes Praxisbuch, das den Blick wieder auf die geistigen Prinzipien und Zusammenhänge der Bachblütentherapie richtet. Damit kann der einzelne die Bedingungen für seinen eigenen Weg zur ganzheitlichen Gesundheit selbst erkennen. Ganz nach Dr. Bachs Motto »Heile dich selbst«.

Die Entdeckungen des großen Heilers Edward Bach

Lassen Sie uns zunächst Dr. Bach, den Entdecker der Bachblüten, ein wenig kennenlernen. London in den frühen zwanziger Jahren: Dr. med. Edward Bach, ein persönlich bescheidener Arzt und Forscher, der davon besessen ist, Menschen zu helfen und Krankheiten zu heilen, sitzt wieder bis tief in die Nacht über seiner Arbeit. Tagsüber hat er in seiner Praxis in der renommierten Harley Street behandelt, ist dann zum Nottingham Place gefahren, um dort Arme kostenlos zu heilen. Abends arbeitet er als Pathologe und Bakteriologe am Homöopathischen Krankenhaus in London weiter; er experimentiert mit Darmbakterien und Impfstoffen. Schon die Mediziner des Altertums wußten: »Der Tod sitzt im Darm.« Und Dr. Bachs große Frage lautete: »Gibt es Zusammenhänge zwischen Krankheit und Darmbakterien; wenn ja, welche?«

Edward Bach wurde 1886 bei Birmingham in England als Sohn eines Messingfabrikanten geboren. Er trat mit sechzehn Jahren in die Firma seines Vaters ein. Früh spürte er indes einen inneren Ruf zur Heilkunde und studierte von 1906 bis 1913 »Schulmedizin«, wie sie an der Londoner Universität seiner Zeit gelehrt wurde.

Ausgangspunkt für seine spätere bahnbrechende Entdeckung der Wirksamkeit bestimmter Blüten- und Pflanzenessenzen ist die eigene Erforschung von und die Therapie mit den »Darmnosoden« – einer homöopathischen Potenzierung von Krankheitserregern, vereinfacht und verkürzt erklärt. Edward Bach stellt nämlich fest, daß bestimmte chronische Leiden am wirkungsvollsten über die Entgiftung des Darms behandelt werden.

Eines Nachts gelingt ihm der Durchbruch. Nach jahrelanger theoretischer Forschung und umfassender persönlicher Medizinpraxis erkennt Dr. Bach: Es gibt sieben Hauptgruppen von Darmbakterien, die – als Impfstoffe bzw. homöopathisch verarbeitete Heilmittel – bei fast allen Krankheiten helfen! Und er entdeckt noch etwas, was die Medizin revolutioniert: Es gibt sieben negative Gefühlslagen, sieben unharmonische Gemütszustände, die diesen sieben Hauptgruppen von Darmbakterien entsprechen. Offen-

sichtlich, so Bachs Forschungsergebnisse, bestehen engste Beziehungen zwischen Gemütszuständen und Krankheitsentstehung!
Die sieben Bakteriengruppen nennt er: Proteus, Dysenterie (Ruhr), Morgan, Faecalis Alkaligenes, Coli Mutabile, Gaertner und Nr. 7. Als sieben negative Gefühlslagen, welche die wahren Ursachen von Krankheit sind, nennt Edward Bach Angst, Unsicherheit, mangelndes Interesse für die Gegenwart, Einsamkeit, Überempfindlichkeit für Einflüsse und Ideen, Mutlosigkeit-Verzweiflung und übertriebene Sorge um das Wohl anderer. Edward Bach entwickelt sieben »Bach-Nosoden« aufgrund der sieben Bakteriengruppen.
Als die vorrangigen wahren Krankheiten bezeichnet er in seinem Grundlagenwerk *Heal Thyself* (*Heile dich selbst*, vom Koautor 1978 als erstes deutsches Bachbuch verlegt) allerdings nicht etwa ererbte körperliche Gebrechen, organische Leiden, Unfallfolgen oder Infektionskrankheiten, sondern: Stolz, Grausamkeit, Haß, Ich-Liebe, Unwissen, Unsicherheit und Habgier. Und er erkennt weiter: Nur wenn der Mensch seelisch aus dem Gleichgewicht geraten ist, kann sich Krankheit überhaupt manifestieren. Krankheit ist die Wirkung einer unharmonischen Seelenlage – und Gesundheit ist die Wirkung von innerer Harmonie.
Also entschließt sich Dr. med. Edward Bach, nicht mehr die Krankheit zu behandeln, sondern Gesundheit zu bewirken. Er behandelt nur noch die sieben disharmonischen, negativen Gefühlszustände. Mit seiner neuen Therapie erzielt er aufsehenerregende Heilerfolge.
Aber Dr. Bach ist immer noch nicht zufrieden. »Ich wünschte, es wäre uns möglich, sieben Kräuter anstelle von sieben Bakteriengruppen anzubieten …«, sagt er und

macht sich auf die Suche danach. Er will noch immer mehr über die Zusammenhänge zwischen seelischer Harmonie und körperlicher Gesundheit erfahren.

1928 entdeckt er – im Verlaufe von Selbstversuchen, geführt durch Intuition und Inspiration und aufgrund seines umfassenden Heilwissens – die ersten der später sogenannten »Bachblüten«, die seine Nosoden ersetzen sollten.

Er vermutet, daß im Blütentau die heilbringende Schwingung der jeweiligen Pflanze bzw. Blüte besonders rein und intensiv enthalten sei. Edward Bach entwickelt zunächst die »Sonnenmethode« als eine Form der Übertragung von Heilschwingungen frischer Blüten auf Wasser unter dem Schein der Sonne – so daß die Blüten also nicht zerstört werden mußten. Später kommt die Kochmethode für einige Pflanzenzubereitungen dazu.

Edward Bach kehrt der Schulmedizin schließlich vollständig den Rücken. Er läßt sich auch durch Drohungen der Verwaltungsbehörden, ihm die Approbation zu entziehen, nicht darin beirren, Kranke und Gesunde gleichermaßen über die positiven Wirkungen bestimmter Blüten und Pflanzen zu informieren und sogar Kranke zur Selbstbehandlung und zur Selbstheilung anzuregen (ganz anders also, als es heutzutage manche Epigonen und selbsternannten Gralshüter des Bachschen Gedankenguts tun, die um die Zustimmung von Schulmedizinern buhlen, um den Bachblüten die vermeintlich »höheren Weihen« einer ärztlichen Anerkennung zu verleihen).

Aufgrund von Selbstversuchen findet Dr. Bach nach und nach Blüten und Pflanzen, die seinen herkömmlichen Darmbakterienmitteln entsprechen und sie in der Wirkung sogar noch übertreffen. Er stellt fest, daß die Natur, die Schöpfung – oder Gott! – für alle Krankheiten und Probleme natürliche Heilmittel bereitgestellt hat.

Er gibt schließlich seine Praxis auf und zieht von London aufs Land, nach Wales, um sich in der noch gesunden Natur ganz dieser Arbeit zu widmen. Zu dieser Abkehr von London trägt wohl auch die immer schärfere, dogmatisch begründete Kritik von Vertretern einer intoleranten Schulmedizin bei.

Mitten in der Harmonie der Natur wird das »Bachblütenwunder« geboren: Dr. Bach findet nach und nach 38 Blüten, die durch ihre eigene positive Schwingung neue Lebenskraft und frische Gesundheit im Menschen bewirken – durch ihre eigenen positiven Schwingungen!

Diese 38 Blüten ordnet er seinen sieben Gruppen von Krankheit verursachenden Gemütszuständen zu, und auf dieser Grundlage setzt er seine Forschungsarbeit über die sieben Bakteriengruppen und sieben Darmnosoden fort.

In Wales formuliert er kurz vor seinem Tode sein Credo, seinen Glaubenssatz, den er durch seine Heilerfolge bestätigt sieht:

> »Behandle nicht die Krankheit, sondern den Menschen. Ergründe, unter welchen unharmonischen Gefühlen der Mensch wirklich leidet, und schaffe neue Seelenharmonie mit der Heilkraft von Blüten und Pflanzen, die uns Gott und die Natur schenken!
>
> Erkenne, daß der Mensch Seele ist, Selbst ist, und Krankheit erst dann entstehen kann, wenn die Persönlichkeit, das kleine Ich, sich aus der Führung der Seele löst, sich vom Selbst trennt, und auf eigene Faust im Rahmen seiner Begrenzungen denkt, fühlt, handelt und lebt.
>
> Die natürliche Einheit von Persönlichkeit und Seele wird vor allem dann verletzt, wenn wir gegen die Einheit der Schöpfung verstoßen und Stolz, Grausamkeit, Haß,

Ich-Liebe, Unwissen, Unsicherheit und Habgier Raum in unserem Leben geben. Das führt zwangsläufig zu Krankheit.
Krankheit ist demnach die Folge der Trennung zwischen Persönlichkeit und Seele, zwischen Ichkraft und göttlicher Führung. Und Gesundheit ist demzufolge die Wiederherstellung von Einheit zwischen Ich und Selbst, zwischen dem menschlichen Individuum und der gesamten göttlichen Schöpfung.
Die große kosmische Kraft, die wir GOTT oder auch einfach LEBEN nennen, hat alles bereitgestellt, damit wir unseren Lebensweg der bewußten Entwicklung und Entfaltung, der schöpferischen Anteilnahme und Gestaltung, in Harmonie mit uns selbst und anderen Geschöpfen gehen können.«

»Alles Große ist einfach.« Einfach und großartig ist die Konzentration auf die von Dr. Bach erkannten sieben Gruppen und das Prinzip, nicht die Krankheit, sondern den Menschen zu behandeln. Einfach und auf großartige Weise heilsam ist, die sieben positiven Gesundheitskräfte in den Mittelpunkt zu rücken. Sprach Bach noch von den Negativursachen von Krankheit, so werden nun ganz entschieden die Selbstheilungskräfte im Menschen als Grundlage jeder ganzheitlichen Gesundheit und jedes Gesundungsprozesses beschrieben.

Bachblüten mit anderen Therapien verbinden

Wie wir bereits in der Einleitung angeführt haben, schreibt Dr. Edward Bach in einem »Appell an meine Kollegen im ärztlichen Beruf«, daß die Heilpflanzen, die er erwähnte, in Verbindung mit jeder herkömmlichen Behandlungsweise eingesetzt werden, jeder Verordnung hinzugefügt werden und die Behandlung in allen Fällen beschleunigen und unterstützen können, seien es akute oder chronische Leiden. Das vergessen bzw. verdrängen manche, auch prominente »Bachvertreter« in der heutigen Zeit: Dr. Edward Bach erklärt in seinem Appell ganz eindeutig, daß die Blüten zusammen mit anderen Mitteln und Methoden eingesetzt werden sollten. Bachblüten müssen (und sollten) nicht als Allheilmittel oder Alleinheilmittel betrachtet werden, wie es auf der Erde noch nie ein einziges All- und Alleinheilmittel gab. Die Schöpfung ist unendlich vielfältig und bietet zahlreiche und vielfältige Möglichkeiten auch für unsere Gesundheit und Heilung.

Zusammenfassend aufgelistet, sind Edward Bachs umwälzendsten Erkenntnisse:

- die Einsicht, daß jede Krankheit das körperlich greifbare, sichtbare und fühlbare Resultat einer disharmonischen Schwingung ist, die viel früher in der Persönlichkeit entstanden ist und zu einer Dissonanz zwischen Persönlichkeit und Seele geführt hat;
- die Entdeckung der sieben Hauptgruppen von Gemütszuständen als Grundlage für die sachgerechte Einordnung der 38 Blüten;
- die Methode der Übertragung von Heilkräften von Blüten auf Wasser; die heilenden Schwingungen der Bachblüten fördern bzw. bewirken teilweise auch die Gesundung des Menschen durch eine Harmonisierung der inneren, feinstofflichen Gemütsebenen, so daß sich die Persönlichkeit wieder besser der auf der Seelenebene gelegten potentiellen Vollkommenheit zu öffnen vermag.

Blütenheilmittel ohne Nebenwirkungen

Heute bedienen sich Tausende von Behandlern, Heilpraktikern und Ärzten und Hunderttausende von Patienten der wundersamen Heilwirkungen der Bachblüten, meist in Kombination mit anderen Therapien. Dabei hat sich das Zusammenwirken der Bachblüten auch mit anderen Naturheilweisen, vor allem mit Farbtherapie, besonders bewährt. Und das Beste an dieser neuen Medizin ist: Man kann nichts falsch machen, es gibt keine Nebenwirkungen, man kann nie zu hoch dosieren oder zu häufig. Es handelt sich also wirklich um ein Blütenwunder!
Die Bachblüten sind von ihrem Entdecker als Chance auch zur Selbstbehandlung von Patienten angesehen worden. Daß es in Deutschland Bestrebungen gab und gibt, die Bachblüten der Selbstbehandlung und sogar der Verschreibung durch Heilpraktiker zu entziehen und dem Zugriff von Behörden und »Schulmedizinern« zuzuspielen, ist sehr bedauerlich und sicher nicht im Sinne von Dr. Edward Bach.

Wenden wir uns an dieser Stelle nun den Grundlagen für Gesundheit zu, der Harmonie unseres Gefühlslebens.

Gefühle und Gesundheit

»Krankheit ist wohl der letzte Grund
des ganzen Schöpferdrangs gewesen:
erschaffend konnte ich genesen,
erschaffend wurde ich gesund.«

Heinrich Heine, Schriftsteller

Zwingt uns Krankheit als letztes Mittel dazu, im Sinne des Zitats von Heinrich Heine, wieder schöpferisch zu werden, wenn unser Ich die eigene Schaffenskraft vernachlässigt oder sogar verschüttet hat? Besitzt letzten Endes Krankheit die stärkste »Überzeugungskraft«, um uns an die *Not*wendigkeit eines positiven, kreativen, konstruktiven Lebens zu erinnern, wenn wir die Gesundheitskräfte aus dem Fühlen, Denken und Handeln im Alltag verdrängt haben? Offensichtlich trifft für die meisten unter uns zu, daß wir oft erst durch Leiden lernen wollen oder können. Erst die Tiefpunkte von Krankheit bringen uns dazu, erneut das Hochgefühl der Gesundheit anzustreben.

Was wäre, wenn wir ohne körperliche Leiden und ohne seelische Not den Gesundheitskräften Raum gäben, wenn wir die schöpferischen Energien freisetzten, die wir als unser Potential mit in dieses Leben bringen? Ist »Krankheit« vielleicht nichts anderes als schöpferische Untätigkeit, geistige Dumpfheit, seelische Unempfindsamkeit? Und Gesundheit eben nichts anderes als bewußtes Tätigsein, ein Sicheinlassen auf die fließenden Energien des Lebens, die lebendigen Harmonien, deren Geist und Instrument und Hand auch wir sind? Im eigenen Leben sind womöglich nur wir es!

Und wer oder was hindert uns eigentlich daran, unsere schöpferischen Kräfte zu erleben, anzuwenden und daran zu gesunden?
Eine sehr kurze und dennoch richtige Antwort lautet: Negative Gefühle, vor allem Ängste aller Art, hindern uns am meisten daran, gesund zu sein bzw. gesund zu werden!

Zur Philosophie von Krankheit und Gesundheit

Wir wollen Hintergründe und Zusammenhang zwischen Gefühlen und Krankheit, zwischen unserer Lebenseinstellung und den wesentlichen Gesundheitskräften nun näher untersuchen, bevor wir dann zur Anwendungspraxis übergehen.
Es ist inzwischen auch von vielen Schulmedizinern anerkannt, was seit der Antike Gemeingut der Erfahrungsmedizin und des gesunden Menschenverstands war und es auch bleibt: Es gibt ein natürliches Wechselspiel zwischen außen und innen, zwischen oben und unten, zwischen Körper und Geist. Es ist nicht sinnvoll, menschliches Leben – und menschliches Leiden – in Einzelteile zu zergliedern und isoliert zu betrachten. Vielmehr gehört es mit zu unserer Alltagserfahrung, daß beispielsweise eine schlechte körperliche Verfassung uns auf das Gemüt schlagen kann. Wenn wir eine Erkältung mit uns herumschleppen, mit Kopfschmerzen aufwachen oder unter elektromagnetischen Strahlungen leiden, so ist bekanntlich auch unsere Stimmung dadurch bedrückt. Und umgekehrt entwickeln sich bei Streß, Angst, dem Verlust eines lieben Menschen und ähnlichen einschneidenden Erfahrungen aus psychischen Belastungen körperliche Krankheiten. Letzteres,

nämlich daß wir aufgrund von seelischen Problemen körperlich krank werden, ist allerdings der wesentlich häufigere und »schwierigere« Fall.

Ist alle Krankheit unabwendbares Schicksal?

Eine wichtige Frage, die wir uns stellen müssen, lautet daher: Haben letztlich alle körperlichen Krankheiten seelische Ursachen? Oder anders gefragt: Haben alle Krankheiten schicksalsbedingte, »karmische« Hintergründe? Falls wir diese Frage bejahen, schließt sich konsequenterweise die Überlegung an, ob wir uns dann vielleicht nur um die seelischen Krankheitsursachen kümmern und die Behandlung der körperlichen Symptome, die Linderung der physischen Leiden, hintanstellen sollten. Aber wie so häufig im Leben gibt es auch hier nicht eine einzige, allumfassende Antwort, sondern mehrere.
Wer sich bislang noch überhaupt nicht mit den seelischen, psychosomatischen Komponenten des eigenen Leidens und der möglichen Krankheitsursachen beschäftigt hat und den Körper nur als eine Maschine betrachtet, die ähnlich dem Prinzip eines Autos funktioniert, sieht leider nur eine winzige Facette seines Lebens und bleibt notgedrungen sehr an der Oberfläche seines Daseins. Wer allerdings dazu neigt, jeden kleinen Schnupfen und die geringste körperliche Verstimmung als unvermeidliches Karma zu interpretieren, und nur noch in den höheren Regionen des ätherischen Geistes schwebt, täte gut daran, zumindest zeitweise auf den Boden der Körperlichkeit zurückzukommen.
Wir sind ganzheitliche Wesen – Körper, Seele und Geist. Wir brauchen sowohl körperliche wie auch seelische und

geistige Nahrung. Wir müssen Krankheit auf allen Ebenen den Boden entziehen, indem wir Gesundheit auf allen Ebenen schaffen. Weder die körperliche noch die seelisch-geistige Ebene darf dabei ausgeklammert werden.

Makrokosmos und Mikrokosmos in der Gesundheit

In der Antike wußte man, daß jeder Mikrokosmos nicht nur Teil des Makrokosmos ist, sondern sich auch nach gleichartigen Gesetzmäßigkeiten gestaltet und verändert. Ein Makrokosmos ist das Weltall, ein Mikrokosmos darin die Erde. Gott oder die »kosmische Schöpferenergie« ist der erste Makrokosmos, der Mensch der korrelierende Mikrokosmos. Und schließlich stellt der menschliche Körper selbst ebenfalls einen Makrokosmos dar, während die Zellen seine Mikrokosmen sind. Das heißt, daß wir Menschen gleichzeitig Mikrokosmos sind, gemessen an der Schöpfung, und Makrokosmos, gemessen an den Zellen.
Was im Sonnensystem geschieht, hat Konsequenzen für die Erde. Denken wir beispielsweise an Sonneneruptionen und ihre elektromagnetischen Frequenzen, die die Erde erreichen, oder an den Mondlauf und die Gezeiten. Und umgekehrt hat das, was auf und mit der Erde passiert, eine Wirkung für das gesamte Sonnensystem, auch wenn die Folgen unseres Raubbaus und unserer Erdzerstörung nicht immer sofort spürbar und sichtbar werden.
So hat ebenso, was in der Zelle geschieht, selbstverständlich eine Auswirkung auf die Befindlichkeit des ganzen Menschen. Spätestens wenn nicht nur eine oder zwei Zellen, sondern einige tausend von einem Krankheitsgeschehen betroffen sind (von der Schnittwunde bis zum

»Krebs«), spüren wir als ganzer Makrokosmos etwas sehr Unangenehmes! Es ist gut, wenn wir uns gerade auch bei Fragen zur Gesundheit immer wieder die größeren Zusammenhänge in Erinnerung rufen, damit sich unser Blick nicht zu sehr verengt und wir damit weniger Chancen haben, umfassend und ganz – im doppelten Sinn des Wortes – gesund zu werden und zu sein.
Wir verstehen die Bachblüten als eine wichtige Hilfe im Rahmen eines ganzheitlichen Gesundheitskonzepts, im Rahmen der sogenannten natürlichen Komplementärmedizin. Bachblüten sind hier – im Zusammenwirken mit anderen Heilmethoden, psychosomatischen wie körperlichen Therapien – ein wesentlicher Ansatz, um über seelische Gesundung Körper und Geist wieder miteinander in Harmonie zu bringen. Dadurch entstehen zwangsläufig die Bedingungen für Gesundheit.
Wo Gesundheitskräfte wirken, verschwindet Krankheit »automatisch« wie von selbst, weil sie keinen Boden und keine Ursache mehr hat. Es ist, als ob wir einen dunklen Raum mit einer leuchtenden Kerze in der Hand betreten: Die Dunkelheit ist nicht mehr vorhanden, wir müssen sie nicht erst noch bekämpfen.

Die Hypophyse als Brücke zwischen Körper und Seele

Wie hängen Makrokosmos und Mikrokosmos in unserem Körper nun aber zusammen? Wie tauschen sie sich aus? Was stellt die Brücke zwischen Geist und Körper dar? Darauf gibt es gottlob eine klare Antwort: Das Drüsensystem (das Endokrinum) und dabei vor allem die Hirnanhangdrüse (die Hypophyse) sind gleichzeitig als physischer

Ort und schwingendes Energiefeld die Brücke zwischen Psyche und Soma, zwischen Seelisch-Geistigem und Körperlichem.* Im Austausch zwischen zwei Systemen erfolgt nicht nur ein Hin und Her von Stoffen, Teilchen, Flüssigkeiten und so fort, sondern vor allem auch von Signalen und Informationen. Im Wechselspiel der menschlichen Gesundheit verhält es sich ebenso.

Alle »Energiemedizin« – wie homöopathisch potenzierte Heilmittel, die Schüsslerschen Mineralsalze, energetisiertes Wasser und eben auch die Bachblütenmittel – wirkt über die Hypophyse. Diese Mittel haben bekanntlich keine materiellen Wirkstoffe mehr; hohe homöopathische Potenzen und die Bachmittel enthalten ja nicht einmal mehr ein einziges Molekül der »Medizin«. Statt dessen ist die »Information« der jeweiligen Gesundheitsschwingungen in ihnen »aufgezeichnet« und »gespeichert«.

Mit Einnahme der Mittel gelangt diese Information nun über die Brücke der Hypophyse sowohl in den Mikrokosmos der einzelnen Zellen wie an den Makrokosmos von Seele und Geist. Damit wird eine gleichartige Harmonisierung angeregt in beide Richtungen – nach »oben« und nach »unten«. Die harmonischen Informationen der Bachblüten geben ihre Signale weiter und bewirken so das Fundament zur Bildung neuer Gesundheitskräfte.

Wenden wir uns nach diesem etwas schwierigeren Exkurs in philosophische Überlegungen den praktischen positiven Wirkungen einer schöpferisch ausgerichteten Lebenseinstellung sowie ihren Spiegelungen innen und außen zu.

---

* Dr. med. Franz Riedweg hat in seinem Buch *Hormonmangel* Wesentliches aus seinen richtungweisenden Forschungsergebnissen zu diesem Thema mitgeteilt; Verlagsbuchhandlung Johannes Sonntag, Regensburg.

Lebenseinstellung und Gesundheit: Die Innenwelt

Unsere Gefühle – unsere Wünsche, Hoffnungen und Ängste – beeinflussen die Gesundheit. Man kann auch sagen, daß unser Bewußtsein unsere Gesundheit reguliert. Die Frage ist für einigermaßen wache Menschen aber nicht, ob sie lieber negative als positive Gedanken haben, ob sie lieber unglücklicher als glücklicher sind, sondern wie sie positiver und glücklicher sein und leben können.

Dazu ist am Anfang eine realistische und nüchterne Bestandsaufnahme unseres Innenlebens sinnvoll. Ohne zu beurteilen oder gar zu verurteilen, aber auch ohne Beschönigungen und ohne durch rosarote Brillen zu schauen, sollten wir uns selbst einmal eine Woche lang so wach, klar und bewußt wie möglich beobachten. Wenn uns eine Woche zu lange und schwierig erscheint, dann sollten wir es wenigstens drei Tage lang tun.

Notieren Sie – zumindest geistig, am besten aber in einem Heft oder auf einem Block –, welche Gefühle, Gedanken, Stimmungen, Hoffnungen, Ängste und so fort Sie bewegen. Führen Sie regelrecht eine Strichliste, die Sie ja niemandem sonst zeigen müssen. Sie dient nur dazu, sich selbst besser kennenzulernen. Die Rubriken lauten:

1.
Ich fühle Angst in mir.
– Ich vertraue dem Leben.

2.
Ich fühle mich unsicher.
– Ich bin selbstbewußt.

3.
Ich fühle mich enttäuscht.
– Ich freue mich am Leben.
4.
Ich fühle mich einsam.
– Ich bin mit Gott eins.
5.
Ich fühle mich beeinflußt.
– Ich handle bewußt aktiv.
6.
Ich fühle mich mutlos.
– Ich bin dem Leben dankbar.
7.
Ich fühle mich besorgt um andere.
– Ich kümmere mich um mich.

Machen Sie nun immer, wenn Ihnen etwas auffällt – gleich, ob es Ihnen klein und unwichtig oder groß und bedeutend erscheint –, einen Strich links oder rechts in den sieben Rubriken. Wundern Sie sich bitte nicht, wenn Sie vielleicht bald hundert Striche nach ein paar Tagen gesammelt haben – so viele Stimmungen kreuzen tatsächlich ständig durch unser Gemüt.

Damit haben sie einen Anfang gemacht, um festzustellen, ob bei Ihnen die Voraussetzungen für Gesundheit nach den sieben Bachgruppen schon mehr oder weniger bestehen bzw. welche Gesundheitskräfte Sie stärker entwickeln sollten.

Sie können eine solche Strichliste auch mit den nach Dr. Bach vorrangigen wahren Krankheiten des Menschen führen, als da sind Stolz, Grausamkeit, Haß, Ich-Liebe, Unwissen, Unsicherheit und Habgier.

Wir empfehlen aber auch hier, jeweils die positiven Kräfte

gegenüberzustellen, um sich selbst eine Chance zu geben, nicht nur auf das noch Negative in sich aufmerksam zu werden, sondern um auch das Positive von Anfang an zu stärken. Die Positivkräfte wären in diesem Falle als Pendants zur Reihenfolge oben: Demut, aktive Nächstenliebe, Freundlichkeit, überpersönliche Liebe, Weisheit, Selbstvertrauen und soziale Bereitschaft zum Teilen.

Lebenseinstellung und Gesundheit – Die Außenwelt

Ob und wie weit unser Bewußtsein auf Gesundheit ausgerichtet ist, können wir leicht an äußeren Merkmalen ablesen. Und über eine Veränderung unserer Außenwelt können wir wiederum viel auch zur Gesundheit beitragen. Die Außenwelt dient also sowohl als Spiegel wie auch als Aktionsfeld für unsere Gesundheit.

Ernährung

Ohne richtige Ernährung gibt es keine Gesundheit: »Sage mir, was du ißt, und ich sage dir, was du bist« (Jean-Anthelme Brillat-Savarin). Hier ist nicht der Platz, um ein sinnvolles Ernährungsprogramm umfassend darzustellen.* Aber dennoch wollen wir uns an die folgenden Fundamente einer guten Ernährung erinnern:

- Frischkost, Salate, Rohkost, Gemüse,
- Ballaststoffe wie Reis, Kartoffeln und Gemüse,
- Eiweiß aus pflanzlicher Herkunft, zum Beispiel Nüsse,

---

*Im Buch über *Natürliche Umwelt-Medizin* finden Sie einen Schwerpunkt über »Natürliche Umwelt-Diät«, siehe Literaturverzeichnis.

- sehr gutes Öl, Butter und »Ghee« (reines, geklärtes Butterschmalz),
- viel, viel gutes, frisches, klares Wasser.

Fleisch, vor allem Schweinefleisch, Geflügel, vor allem aus der Massentierhaltung, Fisch, vor allem chemisch belasteter, Eier, vor allem wenn sie nicht absolut frisch sind, Zucker in praktisch jeder Form, Weißmehl, Alkohol, Drogen, sowohl allopathische Medikamente jeder Art als auch »Bewußtseinsdrogen«, schlechte Fette einschließlich Margarine aus gesättigten Fettsäuren: das sind Gesundheitsrisiken gefährlichster Art.

Kleidung

Tragen wir eher frische, helle, positive Farben oder eher dunkle, bedrückende und einengende Farben? Natürlich fühlen wir uns manchmal mies und ziehen uns dann gern dementsprechend an. Und manchmal wollen wir uns hinter düsteren Kleidungsfarben auch verstecken. Dann läuft eine Art »Eigensabotageprogramm« ab.

Weil wir uns schlecht fühlen, haben wir auch keine Lust, uns fröhlich anzuziehen. Impulse, es dennoch zu tun, lehnen wir innerlich trotzig ab. Und damit sind wir in einem Teufelskreis.

Wie kann man dem abhelfen? Das geht nur, wenn Sie bereit sind, entschlossen entgegenzutreten, und sich notfalls dazu zwingen, sich bewußt mit heilsamen Farben zu kleiden. Und achten Sie bei jedem Neukauf darauf, welche Qualität oder Gesundheitskraft die jeweilige Farbe aktiv stärken kann. Nach und nach können Sie Ihre Garderobe dann nach diesen Kriterien umgestalten.

Wir sollten nicht den Fehler machen, die Bedeutung der Farben und speziell der Kleiderfarben zu unterschätzen. Was hier gilt, trifft natürlich auch für Wandfarben, Einrichtungsgegenstände, Bettwäsche und dergleichen zu. Gewöhnen Sie sich an, bei jeder Entscheidung über Gegenstände, bei denen es eine Farbwahl gibt, sich zu fragen, welche positive Qualität die gewählte Farbe unterstützt.

Freizeit
Wo und wie verbringe ich meine freie Zeit? Aktiv oder passiv? Vor dem Fernsehen oder mit einer eigenen kreativen Beschäftigung? Bewege ich mich genug? Führe ich täglich ein kleines Gymnastikprogramm durch? Gehe ich an der frischen Luft spazieren? Tanke ich genug Sonne? Gehe ich in Kneipen, Diskos, laute verqualmte Restaurants etc.? Oder suche ich Orte der Harmonie?

Beruf
Welche Einflüsse herrschen an meinem Arbeitsplatz vor? Ist er hell oder dunkel? Gibt es frische Luft oder nicht? Sehe ich den Himmel und die Sonne oder nicht? Sind Grünpflanzen vorhanden oder nicht? Bin ich vor elektromagnetischen Strahlen, Gasen usw. sicher oder nicht? Wenn Sie alle Fragen mit Ja beantworten können, ist Ihr Arbeitsplatz relativ gesund. Wenn nicht, sollten Sie prüfen, was Sie unternehmen können, um ihn zu verbessern.

Umgang
Pflege ich Umgang vor allem mit problematischen Menschen, die unter Negativität leiden bzw. diese ausstrahlen, die viel rauchen, trinken, Medikamente nehmen, oberflächlich bzw. zerstreut sind und andere ablenken, die billige und kurzlebige Vergnügungen im Sinn haben und sich verständnislos oder sogar verächtlich über Bewußtseinsentwicklungen auslassen?
Oder suche ich die Gesellschaft von bewußteren Men-

schen, die sich auf ihre Weise um eine positive Entwicklung bemühen, zum Beispiel bei Meditationsstunden?

Spiegeltest
Der deutlichste Ausdruck unseres Seelenlebens ist unser Gesicht. Schauen Sie in den Spiegel, und stellen Sie fest, ob Sie mögen, was Sie sehen. Versuchen Sie zu ergründen und zu erfassen, was Ihnen gefällt und was nicht, und vor allem auch, warum. Und fühlen Sie sich dann – immer noch vor dem Spiegel – in die Gemütsverfassung ein, die Unschönes auflösen könnte. Probieren Sie mehrere innere Haltungen aus, und sehen Sie, welche Veränderungen sich in Ihrem Gesichtsausdruck dadurch ergeben. Und prüfen Sie dann, ob Sie nicht lieber mit den positiveren Gefühlen und Stimmungen leben wollen als mit den belastenden.

Wir wissen, daß gerade bei den beiden letztgenannten Punkten möglicherweise Mißverständnisse auftauchen können. Vielleicht denken Sie: »Ich muß mich aber auch mit meinen Idealen und Errungenschaften um andere kümmern, die bewußtseinsmäßig noch nicht soweit sind, und daher verbringe ich die Zeit mit solchen Menschen.« Das ist natürlich richtig, deshalb wird es vielmehr darauf ankommen, ob Sie bereits so viel Gesundheitskräfte angesammelt haben, daß Ihnen die Einflüsse, welche Energien abziehen und verbrauchen, nichts mehr ausmachen. Die Beschäftigung mit Gruppe sieben der Bachblüten kann Ihnen bei der Erkenntnis in diesem Punkt helfen.
Und in bezug auf das Gesicht sind wir meist dazu erzogen worden zu denken, daß die Gesichtszüge ererbt sind. Das trifft zwar auf manche Merkmale sicher zu, aber die Harmonie eines Gesichts ist der Ausdruck des innewohnenden Bewußtseins – so, wie man über die Augen sagt, daß sie

Fenster der Seele seien. Wenn ich liebe, wird mein Augen- und Gesichtsausdruck anders sein, als wenn ich verwirrt bin oder wütend.
Zu diesen Überlegungen wird schon deutlich, daß es an uns selbst liegt, was wir aus uns, aus unserer Gesundheit und aus unserem Leben machen. Das bedeutet zwar auch Arbeit, aber vor allem die befreiende Gewißheit, daß wir nicht einem seelenlosen fremden Schicksal ausgeliefert sind, sondern selbst schöpferisch gestalten können.

Die sieben Schlüssel zur Gesundheit: Das neue Bach-Gesundheitsprogramm

Dr. Bach beschrieb in seinem bereits zitierten Grundlagenbuch *Heal Thyself* (Heile dich selbst) sieben Krankheitsursachen:

> »Die vorrangigen wahren Krankheiten des Menschen sind solche Mängel wie Stolz, Grausamkeit, Haß, Ich-Liebe, Unwissen, Unsicherheit und Habgier; und jeder dieser Mängel wird, wenn man darüber nachdenkt, als der EINHEIT entgegenstehend empfunden werden. Solche Mängel sind die wahren Krankheiten, und es ist die Fortsetzung und die Beharrung in solchen Mängeln, nachdem wir das Stadium der Entwicklung erreicht haben, in dem wir sie als falsch erkennen können, was im Körper die schmerzhaften Ergebnisse herbeiführt, die wir als Krankheit kennen.«

An einer anderen Stelle, noch vor der soeben zitierten Passage, schreibt er über Symptome von Krankheiten und ihre Ursachen:

> »Was wir als Krankheit kennen, ist das letzte Stadium einer sehr viel tiefer liegenden Unordnung, und es ist offensichtlich, daß, um der Behandlung vollkommenen Erfolg zu sichern, die Beschäftigung mit dem Endergebnis allein nicht umfassend wirksam sein wird, wenn nicht die zugrundeliegende Ursache ebenso beseitigt wird …
> Es gibt zwei große Irrtümer: erstens, die Gebote unserer SEELE nicht zu achten und ihnen nicht zu folgen, und zweitens, gegen EINHEIT zu verstoßen.«

Weiter heißt es:

> »Es kommt darauf an, den Geboten unserer Seele, unseres höheren Selbst zu gehorchen, was wir durch Gewissen, Instinkt und Intuition erlernen. Damit sehen wir, daß Krankheit aufgrund ihrer eigenen Prinzipien ihres Wesens sowohl vermeidbar wie heilbar ist. Und es ist die Aufgabe von Geist-Heilern und Ärzten, den leidenden Menschen zu den materiellen Heilmitteln das Wissen über die Irrtümer ihres Lebens und die Vorgehensweise, wie diese Irrtümer ausgerottet werden können, zu vermitteln und so die Kranken zurück zu Gesundheit und Freude zu führen.«

Durch diese grundsätzlichen Aussagen ist der Rahmen für ein wirksames Gesundheitsprogramm im Sinne von Dr. med. Edward Bach gesteckt. Das neue »Bach-Gesundheitsprogramm« legt allerdings den Schwerpunkt darauf, die Heilwirkungen der Blütenmittel in den Mittelpunkt zu stellen (nicht mehr die Krankheiten) und jeweils weitere wirksame Gesundheitskräfte zu erkennen und anzuwenden. Das Buch *Heile dich selbst* enthält die philosophischen und spirituellen Grundlagen, auf denen der große Heiler seine Blütentherapie aufgebaut hat. Und diesen Aufruf, diese sehr persönliche Aufforderung – »Heile dich selbst« – gilt es anzunehmen und zu unserem eigenen Besten zu erfüllen. Das können wir allerdings nur dann, wenn wir zuvor erkennen, welche Ursachen und Umstände für die Krankheit maßgeblich sind und an welchen Gesundheitskräften es uns derzeit mangelt. Vor dem »Heile dich selbst« steht also das berühmte »Erkenne dich selbst«, die altüberlieferte und wesentliche Herausforderung, die uns seit Menschengedenken als Schlüssel für ein erfülltes Leben hier und im Jenseits übermittelt wird. Bekanntlich schmückte dieser Spruch den Apollotempel von Delphi. Welche Fragen wir auch stellen, welche Probleme wir auch lösen wollen – ohne Selbsterkenntnis ist eine umfassende Heilung nicht möglich. In diesem Sinne gilt es, sich mit den Krankheitsursachen und mit den Gesundheitskräften intensiv zu beschäftigen, sie verstandesmäßig und auch intuitiv zu erfassen. Die sieben Heiler dienen als Schlüssel dazu.

Bachblüte als »Heilinformation«

Die Bachblüten-Heilmittel wirken dabei als »Information« die aus der körperhaften Verwirklichung der Harmonie einer Blüte auf das Mittel übertragen wurde. Durch die Einnahme des Mittels wird die gesunde Weisheit der Blütenharmonie über das Schwingungs- und Energiefeld der Hypophyse – man könnte auch sagen über den Energiekörper der Hypophyse – sowohl an den Körper wie an die Psyche weitergegeben. Andere Worte für »Information« oder »Wissen« sind »schöpferische Kraft« und »Bewußtsein«. Ein schöpferisches Bewußtsein kennt keine Krankheit, weil es von seinem Wesen her ganz und gesund ist. Ein schöpferisch bewußter Mensch wird übrigens auch mit der unauflöslichen und unüberwindbaren Polarität zwischen dem materiellen vergänglichen Körper, den relativen emotional-mentalen Energien und seinem umfassenden bewußten und unvergänglichen Sein umgehen können. Er wird selbstverständlich immer wieder auch körperlich und gefühlsmäßig »leiden« – aber darüber nicht seine wahre Identität vergessen, ein geistiges Wesen zu sein. Wenn man nun die harmonische Schwingung ande-

rer Informationen kennt und nutzt, um jene der Bachblüten zu fördern und zu stärken, so kann man noch ganzheitlichere und umfassendere Gesundheitskräfte mobilisieren. Heilgedanken, gute und starke Gefühle, Meditation, heilende Farben, heilsame Musik – sie alle wirken über die Brücke der Hypophyse auf unseren Körper, unsere Psyche und unseren Geist.
In der Meditation mit Licht und Ton am dritten Auge betreten wir diese Brücke direkt und unmittelbar. Unsere Gedanken- und Gefühlskräfte erreichen ebenso wie heilsame Musik diese Brücke ebenfalls (fast) unmittelbar. Bachblüten, Farbtherapie und ähnliche Energiemedizin erreichen diese Brücke über den Informationsaustausch der Zellen innerhalb des Körpers.
Die sieben Heiler integrieren die heilenden Wirkungen unterschiedlicher Therapien, Heilmittel und Bewußtseinswege in einem Gesundheitsprogramm, das alle verfügbaren Gesundheitskräfte anspricht und einsetzt.
Im folgenden geben wir eine neue, positive Übersicht zu den sieben Krankheitsursachen nach Dr. Edward Bach. Er hatte wie gesagt zunächst sieben Darmbakteriengruppen als seelische Hauptursachen von Krankheit erkannt und aus Darmbakterienstämmen sogenannte Nosoden – das sind stark verdünnte Potenzierungen der Erreger – als Heilmittel hergestellt. Später ersetzte er sie durch die Blütenheilmittel, nahm jedoch wiederum seine klare Zuordnung zu den sieben Gruppen vor. Dr. Bach benannte diese Gruppen mit negativen, die Krankheit bezeichnenden Begriffen. Wir stellen hier die positiven Gesundheits- und Heilkräfte in den Mittelpunkt, welche die Ursachen von Krankheit transformieren und transzendieren können – gemäß der Einsicht, daß es weniger sinnvoll ist, gegen etwas Negatives anzukämpfen, als etwas Positives an seine Stelle

zu setzen. Ähnlich gilt ja auch in der modernen Gesundheitskunde weithin, daß dem allopathischen Herumkurieren an Symptomen die naturheilkundliche Ursachenheilung vorzuziehen ist. Die beste Heilung besteht darin, Gesundheit zu »erzeugen« und die eigenen Gesundheitskräfte schöpferisch zu entfalten! Die Heilgedanken sind heilsame Schwingungen, die als Konzentrationshilfe für positives Denken, als meditative Affirmation oder als Gebet wirksam sind.

Die Hinweise auf das jeweilige Lebensgefühl beziehen sich auf die Lehren nach dem *Tibeter*, wie sie Alice Bailey übermittelt hat. Danach gibt es sieben Hauptmotivationen oder Persönlichkeitsstrahlen, die einen Menschen in seinem Lebensgefühl und seiner Lebensführung bestimmen.

Die Heilfarben werden im zweiten Hauptteil ausführlich behandelt.

Sieben Schlüssel zur Heilung

Das Gesundheitsprogramm nach Dr. Bach zur Heilung und vor allem Selbstheilung, erweitert um die Erkenntnisse aus anderen Zweigen der Erfahrungs- und Naturheilkunde, läßt sich in einigen wenigen Schritten klar beschreiben:

1.
Stellen Sie fest, wie Ihr Gemütszustand ist. Erforschen und erkennen Sie, unter welchen Gefühlen Sie (bzw. der Patient) leiden.

2.
Dazu dient zunächst einmal das »Grobraster« der sieben wesentlichen Krankheitsursachen, also die sieben Bachgruppen. Es kann durchaus sein, daß Sie nicht nur unter

einem bestimmten Gefühl leiden, sondern unter einer Kombination von zweien oder dreien. (Selbst wenn man unter allen sieben beschriebenen Gemütszuständen litte, sollte man sich zunächst höchstens auf die drei wichtigsten konzentrieren, um nicht die Übersicht zu verlieren.) Am einfachsten testen Sie sich bzw. Ihren Patienten mit den HEILBLÜTEN-FARBKARTEN, wie sie im Set mit diesem Buch oder auch einzeln angeboten werden; siehe auch Seite 192.

3.
Stellen Sie sich dann auf die Schwingungen und Kräfte ein, die jeweils zur Hauptgruppe gehören, also auf Heilgedanken, Heilfarben etc.

4.
Suchen Sie als nächstes die ein oder maximal zwei Blütenbeschreibungen heraus, die auf Sie und Ihren derzeitigen Gemütszustand am besten zutreffen. (Eine völlige Übereinstimmung ist weder möglich noch nötig. Und bleiben Sie bei maximal ein oder zwei Blüten pro Gruppe, um sich auch jetzt nicht in der Konzentration auf das Wesentliche beirren zu lassen.) Zu den einzelnen Blüten gibt es jeweils einen speziellen Heilgedanken.

5.
Sie haben also zunächst Ihre ein, zwei oder maximal drei wichtigsten gegenwärtigen Gefühlsprobleme festgestellt, haben dazu generelle Hinweise über Gesundheits- und Heilkräfte gefunden und sind dann schließlich weiter zu einigen Einzelblüten gelangt.

Die Einzelblüten-Mittel verwenden Sie in der üblichen Weise, wenden aber gleichzeitig die Gesundheitskräfte an, die zu den jeweiligen Blüten und Gruppen gehören.

6.
In der Arbeit mit den Gesundheitskräften geht es um eine

unmittelbare Entfaltung Ihres eigenen Bewußtseins. Sie sind es, der sich mit weiser Liebe, aktiver Intelligenz, konkretem Wissen und so fort beschäftigen muß! Sie sind es, der Urvertrauen oder Unterscheidungskraft entwickeln muß, der »Ich lebe« sagen, denken, fühlen und verwirklichen muß. Diese Bewußtseinsentwicklung legt den Grundstein nicht nur für die unmittelbare ganzheitliche Heilung jetzt, sondern für ein glücklicheres und helleres Leben insgesamt.

7.
Selbsterkenntnis, einschließlich der Erkenntnis der körperlichen und persönlichen Zeitlichkeit und der seelisch-geistigen Ewigkeit, ist nicht nur die Voraussetzung für dauerhafte Heilung, sondern für wahres Leben hier und danach!

Die sieben Bachgruppen

In der jeweils ersten Zeile der folgenden Übersicht finden Sie die Gruppenziffer. Danach werden die Darmbakterienstämme den Gemütszuständen gegenübergestellt. Diese Zuordnung von sieben Hauptgruppen von Darmbakterien und sieben Hauptgruppen von Gemütszuständen als jeweilige Ursachen von Krankheit stammen von Dr. Bach selbst. Danach werden die Heilungskräfte aufgeführt, nämlich die Gesundheitskraft, die zur jeweiligen Gruppe gehört, der Heilgedanke, der als Affirmation im Rahmen des positiven Denkens oder als Meditationssatz benutzt werden kann; es folgt das Lebensgefühl, das wir uns im Rahmen der Vorstellung, der Phantasie oder der kreativen Visualisation zu eigen machen können; zum Schluß werden Heilfarben für die Farbtherapie ge-

nannt sowie heilsame Musik für dafür empfängliche Menschen.
Die Bachblütenmittel werden in der üblichen Weise eingenommen.
Mit der Heilfarbe wird im Rahmen von Farbtherapie bestrahlt bzw. auch meditiert (siehe auch die Meditationsfarben auf der Rückseite der Meditationskarten).
Die Heilgedanken werden als mentale Affirmationen gedanklich wiederholt, um sie zum Leitwort eines ganzen Tages oder einer Woche werden zu lassen. Wann immer Sie daran denken, sollten Sie sich an den jeweiligen Heilgedanken er*innern*, ihn also ver*inner*lichen. Am besten nehmen Sie pro Tag nur einen einzigen Heilgedanken, um sich wirklich tief darauf einlassen zu können.

1. Gruppe
Dr. Bach stellte als Krankheitsursache fest:
- Darmbakteriengruppe: Proteus,
- Gemütszustand: Angst.

Die positive Transformation erfolgt durch:
- Gesundheitskraft: URVERTRAUEN,
- Heilgedanke: ICH VERTRAUE AUF GOTT,
- Lebensgefühl: WEISE LIEBE,
- Heilfarbe: Gelb,
- Heilmusik: zum Beispiel Orgel und Chor.

2. Gruppe
Dr. Bach stellte als Krankheitsursache fest:
- Darmbakteriengruppe: Dysenterie (Ruhr),
- Gemütszustand: Unsicherheit.

Die positive Transformation erfolgt durch:
- Gesundheitskraft: SELBSTVERTRAUEN,
- Heilgedanke: ICH BIN INNERLICH STARK,

- Lebensgefühl: AKTIVE INTELLIGENZ,
- Heilfarben: Rot (und Grün),
- Heilmusik: zum Beispiel Nouveau Flamenco von Otmar Liebert.

3. Gruppe
Dr. Bach stellte als Krankheitsursache fest:
- Darmbakteriengruppe: Morgan,
- Gemütszustand: mangelndes Interesse an der Gegenwart.

Die positive Transformation erfolgt durch:
- Gesundheitskraft: AKTIVE ANTEILNAHME,
- Heilgedanke: ICH LEBE,
- Lebensgefühl: KRAFTVOLLER WILLE,
- Heilfarben: Gelb und Türkis,
- Heilmusik: zum Beispiel indianische oder afrikanische Trommelrhythmen.

4. Gruppe
Dr. Bach stellte als Krankheitsursache fest:
- Darmbakteriengruppe: Faecalis Alkaligenes,
- Gemütszustand: Einsamkeit.

Die positive Transformation erfolgt durch:
- Gesundheitskraft: EINSSEIN,
- Heilgedanke: ICH FINDE HEILUNG INNEN,
- Lebensgefühl: HARMONISCHE EINHEIT,
- Heilfarben: Grün (und Rot),
- Heilmusik: zum Beispiel aktivierende Musik.

5. Gruppe
Dr. Bach stellte als Krankheitsursache fest:
- Darmbakteriengruppe: Coli Mutabile,
- Gemütszustand: Überempfindlichkeit.

Die positive Transformation erfolgt durch:
- Gesundheitskraft: EIGENVERANTWORTUNG,
- Heilgedanke: ICH HÖRE AUF MEINE EIGENE INNERE STIMME,
- Lebensgefühl: IDEALISMUS,
- Heilfarben: Blau und Orange,
- Heilmusik: zum Beispiel melodische Klarinettenweisen.

6. Gruppe
Dr. Bach stellte als Krankheitsursache fest:
- Darmbakteriengruppe: Gaertner,
- Gemütszustand: Mutlosigkeit und Verzweiflung.

Die positive Transformation erfolgt durch:
- Gesundheitskraft: DANKBARKEIT,
- Heilgedanke: JEDER MENSCH IST IMMER MIT DEN KOSMISCHEN ENERGIEN VERBUNDEN,
- Lebensgefühl: ZEREMONIELLE ORDNUNG,
- Heilfarben: Orange und Violett,
- Heilmusik: zum Beispiel Flötenmotive von Deuter.

7. Gruppe
Dr. Bach stellte als Krankheitsursache fest:
- Darmbakteriengruppe: Nr. 7,
- Gemütszustand: übertriebene Fürsorge.

Die positive Transformation erfolgt durch:
- Gesundheitskraft: UNTERSCHEIDUNGSKRAFT,
- Heilgedanke: ICH KONZENTRIERE MICH AUF MEINE EIGENEN AUFGABEN,
- Lebensgefühl: KONKRETES WISSEN,
- Heilfarbe: Grün,
- Heilmusik: zum Beispiel »Relax«von Deuter.

Erste-Hilfe-Mittel
- Heilgedanke: ICH BITTE UM HILFE UND GÖTTLICHE FÜHRUNG,
- Heilmusik: zum Beispiel Bach-Choral »Herz Jesu meine Freude«.

Die Kräfte dieser sieben Gruppen von Ursachen und Persönlichkeitsmotivationen für das Leben und damit für die Gesundheit gilt es also aktiv zu entwickeln. Vielleicht fragen Sie sich, wie Sie denn Zuversicht schöpfen oder Selbstbewußtsein entfalten sollen, wenn Sie akut oder chronisch unter besonders schlimmen Bedrückungen, Schmerzen, Belastungen und so fort leiden. Auf der physischen Ebene stehen Ihnen die Blütenmittel zur Verfügung, in Verbindung mit Homöopathie und Notfallhomöopathie sowie Mineralsalzen, Bewegung, Ernährung und so weiter. Detaillierte Hinweise dazu finden Sie in den Gesundheitsbüchern der Autoren. Als zusätzliche Hilfe gibt es eine Tonkassette mit wichtigen Bach-Heiltexten, Meditationen und Musik von der Autorin unter dem Titel »Die Sieben Heiler«.
Auf der psychischen und spirituellen Ebene stehen uns, wie zu Beginn dieses Kapitels skizziert, viele Wege zur Bewußtseinsentfaltung offen. Bewußtsein = bewußtes Sein! Ohne bewußt zu sein, werden wir nicht die jeweils ganz individuell richtigen Antworten, Hilfen und Heilmittel finden können. Bewußtsein ist unser höchstes Gut. Wenn wir nicht nur ein gesundes Selbstbewußtsein haben (das aber auch!), sondern wenn wir uns als »Bewußtsein = bewußtes Sein« und deshalb unzerstörbar, überkörperlich (nicht *un*körperlich!) und von Natur aus und im Wesen als gesund wissen und erleben, dann erlangen wir auch den Schlüssel zur körperlichen Gesundheit!

1. Mit Urvertrauen Angst auflösen – Hauptproblem Angst

»Unsere Flüge durch die Weiten dieser Schöpfung
werden eines Tages zu Ende sein.
Der Mensch, wenn er gänzlich erschöpft ist,
wird schließlich zu dir zurückkommen, o Gott.«

Darshan Singh,
Meditationslehrer

Der Begriff »Angst« kommt aus einem vorgermanischen Wortstamm, der »verbunden mit Enge« bedeutet. Im allgemeinen Sprachgebrauch werden die Worte »Angst« und »Furcht« oft als Synonym verwendet. Wir gebrauchen für unsere Zwecke die Worte in gleicher Bedeutung. »Zu den typischen Ängsten gehören: Prüfungsangst, Versagensangst, Angst vor Verlust von Menschen, Besitz, Arbeit, Kreativität, Schönheit, Ansehen etc.; Angst vor Leiden, Angst vor Krankheit, Angst vor Schmerzen, Angst vor Tieren wie Spinnen, Ratten und so fort, Angst vor der Höhe, Angst vor dem Fliegen, Angst vor Wasser, Angst vor bestimmten Menschen, Angst vor Trennung von Menschen, Angst, allein zu sein, Platzangst, Angst vor Alpträumen, Angst vor Depressionen, Angst vor der Wahrheit, Angst vor dem Teufel oder der Hölle, Angst vor eigenen Charaktereigenschaften oder Handlungsweisen, sogar Angst vor dem Leben und Angst vor Gott ... Die Liste ließe sich fast beliebig erweitern.

Es gibt dumpfe Ängste und klare, anhaltende und pulsierende, stechende und schneidende; solche, die mit Kopfschmerzen, Bauchschmerzen, Gliederschmerzen, mit Schweißausbrüchen und Magenflattern verbunden sind,

und solche, die kaum merklich als Schatten um unser Leben schweben.
Viele Psychologen neigen heutzutage dazu, als letzte Ursache für alle Ängste die Angst vor dem Tod anzusehen. »Angst vor dem Tod« hat für verschiedene Menschen vielleicht verschiedene Facetten, zum Beispiel »Angst vor dem Sterben« bzw. dem Sterbevorgang und dem damit vielleicht verbundenen Schmerz, »Angst vor dem Tod« als dem großen Unbekannten, Dunklen, als »schwarzes Loch« oder »Angst vor dem Nicht-mehr-Sein« als Auslöschung der Individualität, des bewußten Seins.
Manche Menschen meinen, daß zum Beispiel kleinere Ängste wie Angst vor bestimmten Tieren nichts mit Todesangst zu tun hätten, sondern eine ganz eigene Art von Angst seien. Wenn man genauer hinsieht, stellt sich das als Irrtum heraus. Empfinde ich Ekel vor einer Spinne, oder fürchte ich mich? Wenn ich ein Tier als »ekelerregend« erlebe, so ist genaugenommen gar keine Angst vorhanden, sondern ein andersgearteter Widerwille. Wenn ich aber vor einer Ratte Angst habe, so steckt dahinter die Befürchtung, daß sie mich beißen könnte, womöglich vergiften, und ich schließlich elendiglich zugrunde ginge, also stürbe.
Wenn ich Angst vor bestimmten Krankheiten habe, wie vor Krebs oder Aids, so verbirgt sich auch dahinter Angst vor dem Tod. Doch selbst wenn Schmerzen im Vordergrund zu stehen scheinen, kann man weiter differenzieren: Empfinde ich Angst vor den Schmerzen, weil sie so weh tun und ich so unendlich leide, aber sehe ich dem Tod gelassen entgegen? Dann wird mein Leiden zwar möglicherweise nicht weniger schwierig zu tragen sein, die Angst aber wird – wenn ich die Schmerzen und nicht den Tod als mein Problem erkannt habe – sich auflösen! Angst, die

dennoch bleibt, vielleicht dumpf anhaltend oder schneidend aufbrechend, hat dann doch mit Angst vor dem Tod zu tun.
Selbst Angst vor der »Verunstaltung« durch bestimmte Krankheiten oder Operationen ist eine Form von Angst vor dem Tod, Angst vor der Auslöschung bzw. Unkenntlichmachung der bisher gewohnten Persönlichkeit und ihrer äußeren Gestalt, ihrer Form und ihres (Ich-)Bildes.
Angst vor Verlust von Besitz oder Arbeit ist gleichfalls eine Ausdrucksform von Angst vor dem Tod. Wenn ich keine Arbeit mehr habe, kann ich kein Geld mehr verdienen. Wenn ich kein Geld mehr verdiene, kann ich mich (und eventuell meine Familie) nicht mehr ernähren, und ich muß zugrunde gehen, das heißt sterben.
Angst vor Verlust von Ansehen oder Schönheit ist genauso gelagert. Wenn ich in den Augen anderer (oder in meinen eigenen) nichts mehr gelte, dann bin ich nicht mehr dieser und jener, sondern ein Versager, ein Nichts; ich »sterbe« dann als jene Persönlichkeit, deren vorübergehende Erscheinungsform ich zum ewigen Gut hochstilisiert habe. Nicht von ungefähr hat Dr. Edward Bach in der ersten Gruppe Angst behandelt. Angst ist die schlimmste Geißel der Menschheit, die am meisten persönliches und kollektives Unheil, Leiden, Schmerzen, Unterdrückung, Ausbeutung, Rassismus, Verächtlichmachung und so fort verursacht hat und es noch tut.
Weil einzelne Menschen oder ganze Völkergruppen Angst haben – davor, daß sie zuwenig Nahrung und Besitz, zuwenig Land und Bodenschätze habe –, entstehen Mord und Totschlag, Raubzüge und Kriege.
Weil wir Angst davor haben, daß die Wahrheit größer sein könnte, als wir sie im Moment gerade überblicken können, bekämpfen wir andere Glaubensrichtungen und erklären

andere Religionen für minderwertig oder falsch. Auch hinter dieser Angst steckt Todesangst! Die Befürchtung nämlich, daß unsere Weltanschauung und damit unser Ich-Bild, unser Ego, in sich zusammenstürzt und »stirbt«, wenn die eigenen engen Vorstellungen sich als unpassend erweisen. Angst = Enge! Ganz anders ausgedrückt, ist alle Angst letztlich Angst vor dem Leben, so wie es ist. Sind wir seelisch bereit und persönlich fähig, das Leben so zu akzeptieren, wie es ist, ohne es in unsere kleinen, kleinlichen, engen, angstbedingten und angsterfüllten Vorstellungen, Normen, Dogmen und Anschauungen hineinpressen zu wollen?

Das wird für uns alle zum wahren Maßstab dafür, ob wir Angst überwinden und ein – bei allen irdischen Widersprüchen und Herausforderungen – erfülltes, glückliches Leben führen können, ob wir unsere Gefühle wirklich heilen wollen! Denn wenn ich daran festhalte, daß die Welt und das Leben so zu sein haben, wie ich es will, manövriere ich mich zwangsläufig in eine künstliche Enge hinein, die ebenso zwangsläufig zu Angstzuständen aller Art führen muß – bis ich die selbstgewählte Enge wieder aufgebe bzw. verlasse.

Die Lösung für alle Arten von Problemen liegt grundsätzlich darin, daß man die positiven Kräfte entwickelt und stärkt, nicht darin, die negativen zu bekriegen und damit energetisch ständig im Negativen verhaftet zu bleiben. Das heißt natürlich nicht, daß man in einer frömmelnden Weise alles durch eine rosige Brille anschaut und gesundwünscht oder gesundbetet. Selbstverständlich gehört zur Heilung eine klare Diagnose von Symptomen und Ursachen. Nur gibt es keinen Grund, danach in der Krankheit verhaftet zu bleiben.

Für das gravierendste Menschheitsproblem, die Angst,

liegt die Lösung, die Heilung von Angst, also darin, Enge zu überwinden und sich für das große ganze Leben zu öffnen, auch und gerade dann, wenn wir es noch überhaupt nicht als groß und ganz kennengelernt haben! Das klingt nur »kleiner«, als es wirklich ist. Und das »funktioniert« auch nur, wenn wir uns als einen Teil eines Ganzen erfahren, in dem aber nach dem alten Gesetz alles enthalten ist. Gewiß, ein Paradox, aber doch unsere Lebenswirklichkeit!

Mystiker aller Epochen und Kulturkreise haben darauf immer wieder hingewiesen, daß der Mensch zwar nicht Gott sei, aber Gott doch in ihm wohne und durch ihn wirke. In diesem Sinne läßt sich Angst also dann heilen, wenn wir uns in unserer zumindest potentiellen Vollkommenheit erfahren. Anders ausgedrückt: Die letzte Angst löst sich, wenn wir verwirklicht oder »erleuchtet« sind! Ängstliche Naturen haben sogar vor einem solchen wundervollen Begriff, einer solchen wunderbaren Anforderung Angst, wie sie uns alle Weisen und Heiligen immer zugerufen haben. Aber hinter dem Spruch am Apollotempel von Delphi, »Erkenne dich selbst!« steht auch nichts anderes als die Herausforderung, daß wir, um unser Menschsein voll erkennen zu können, uns erleuchten lassen müssen.

Zur Heilung von Angst gehört auch, Vertrauen in das Leben zu entwickeln. Vertrauen darin, daß es einen Sinn im Leben gibt, auch wenn er sich uns (noch) nicht (ganz) erschlossen hat. Vertrauen darin, daß es einen Lebensfluß, eine Lebensenergie gibt, die größer als unsere Ichkräfte und unsere persönlichen Hoffnungen und Befürchtungen ist und letztendlich ohnehin dafür sorgt, daß alles in die richtige Bahn kommt. Das hat übrigens nichts mit Passivität zu tun oder mit Fatalismus, sondern vielmehr mit einer wachen, klaren, bewußten und vertrauensvollen Lebensführung.

Alle anderen Probleme, Beschwerden und Krankheiten, also auch die aus den anderen sechs Hauptgruppen, können in gewisser Weise als Unterformen von Angst erlebt werden:

- Unsicherheit wäre zum Beispiel Angst, etwas falsch zu machen, oder Angst vor vermeintlicher Unfähigkeit.
- Mangelhaftes Interesse an der Gegenwart wäre Angst vor der Konkretheit und Begrenztheit, vielleicht auch vor der Oberflächlichkeit des Lebens.
- Einsamkeit wäre Angst davor, allein gelassen zu sein und allein mit dem Leben fertig werden zu sollen.
- Überempfindlichkeit für Einflüsse und Ideen könnte unter Umständen eine Angst darstellen, sich auf sich selbst verlassen zu können.
- Mutlosigkeit und Verzweiflung sind offensichtlich Angst, von den Aufgaben des Lebens überfordert zu werden.
- Selbst übertriebene Sorge um das Wohl anderer kann eine Form von Angst sein, nämlich davor, daß der andere nicht so gut wie man selbst in der Lage sei, das Leben zu bewältigen – oder daß ein vermeintlich mangelhafter Einsatz für andere als eine »Schande« gelten könnte.

Weitere Hilfen, um Angst zu überwinden

Angst hat, wie erwähnt, seinem Wortstamm nach mit Enge zu tun. Vermutlich kennen wir alle auch die buchstäblich beklemmende, sogar körperliche Enge im Brustkorb zum Beispiel, wenn uns Angst das »Herz zuschnürt«.

Zusätzlich zu den Bachblüten, der Entfaltung der Gesundheitskräfte und den Heilgedanken und Heilfarben etc. empfehlen sich gerade bei Angst folgende psychosomatischen Übungen:

- Wann immer Sie Angst spüren, atmen Sie langsam, ruhig und tief mehrere Male ein und aus, und lassen Sie gern nach dem Ausatmen eine kleine Pause entstehen, bevor Sie wieder einatmen. Das wird vielleicht nicht alle Angst sofort und hundertprozentig auflösen, es wird Ihnen aber entscheidende Linderung verschaffen können.
- Stehen Sie auf, stellen Sie sich gerade und aufrecht, aber nicht mit übertrieben durchgedrücktem Hohlkreuz hin, drücken Sie die Knie nicht durch, lassen Sie Ihre Schultern locker hängen (eher nach »hinten« als nach vorn!), und schließen Sie Ihre Augen. Stellen Sie sich nun vor, wie Sie sich jetzt am liebsten fühlen würden ... und nehmen Sie dann, bei weiterhin geschlossenen Augen, die Haltung ein, die Ihrem erwünschten Lebensgefühl am ehesten entspricht. Öffnen Sie die Augen wieder, und stellen Sie fest, ob Sie jetzt diesem angestrebten Lebensgefühl auch in Ihrer Haltung bei offenen Augen Ausdruck verleihen möchten. (Sie können diese kleine Übung auch im Sitzen durchführen.)

Das sind zwei sehr leichte und doch überaus wirksame, praxiserprobte Hilfen, um Angst zu überwinden. Sie erinnern sich, daß es sinnvoll ist, sowohl von innen wie von außen, sowohl von oben wie von unten, sowohl seelisch-geistig wie körperlich-emotional Heilung zu suchen und Hilfen anzuwenden.

Und schließlich können wir uns gegenseitig immer wieder daran erinnern, Probleme und Ängste Gott vor die Füße zu legen, sie also ihm zu übergeben, loszulassen und auf seine Führung zu vertrauen. »Wir können nie tiefer fallen als in die Hand Gottes«, heißt eine bekannte Einsicht.

Die Bachblüten der Gruppe »Angst – Urvertrauen«

Dr. Bach stellt bei den fünf Blütenmitteln, die er in der Gruppe Angst aufführt, folgende Stichworte in den Mittelpunkt:

Rock Rose	= Notfallmittel, Angst um den Patienten
Mimulus	= Angst vor weltlichen, alltäglichen Dingen
Cherry Plum	= Angst vor geistigen, mentalen Dingen
Aspen	= unerklärliche Ängste
Red Chestnut	= Angst um andere Menschen

ROCK ROSE (26), Gelbes Sonnenröschen
Dr. Bach: »Das Notfallmittel für Fälle, bei denen es keine Hoffnung mehr zu geben scheint; bei Unfällen oder plötzlicher Krankheit; wenn der Patient sich sehr fürchtet oder unter Schock steht; wenn der Zustand des Patienten so ernst ist, daß dies bei den Umstehenden große Angst auslöst. Wenn der Patient ohne Bewußtsein ist, kann man seine Lippen mit dem Mittel benetzen. Andere Mittel können zusätzlich notwendig werden; bei einer tiefschlafähnlichen Bewußtlosigkeit Clematis (9), bei qualvollem Leiden Agrimony (1); etc.«

Zusätzliche Hinweise aus meiner Heilpraxis: Einsetzen bei Gefühlen von Panik und chaotischer Angst in Situationen bedrängender Nöte. Rock Rose verleiht Standfestigkeit des Herzens und Vertrauen, bringt Frieden und Ruhe im Notfall.

Heilgedanke: »Gott liebt mich und schenkt mir Zuversicht. Ich habe wieder Hoffnung.«

MIMULUS (20), *Gefleckte Gauklerblume*
Dr. Bach: »Bei Furcht vor weltlichen Dingen und Angelegenheiten wie Krankheit, Schmerzen, Unfällen, Armut, Dunkelheit, Einsamkeit, Unglück; d.h. bei den sogenannten Alltagsängsten. Für Menschen, die ihre Ängste still und heimlich mit sich herumschleppen und darüber nicht frei zu anderen sprechen.«

Zusätzliche Hinweise aus meiner Heilpraxis: Bei Zögerlichkeit, Angst vor Krankheit, Angst vor Menschen, vor falscher Nahrung und vor Geräuschen. Mimulus stärkt wieder das Vertrauen in uns selbst und zum Göttlichen in uns.

Heilgedanke: »Ich darf alle belastenden Eindrücke aus der Vergangenheit loslassen. Ich schöpfe neuen Mut.«

CHERRY PLUM (6), *Kirschpflaume*
Dr. Bach: »Bei Angst vor mentaler Überanstrengung; bei Furcht, den Verstand zu verlieren und fürchterliche bzw. gefürchtete Dinge zu tun, die man nicht zu tun wünscht und als falsch erkennt, obwohl Gedanken und Impulse auftauchen, sie dennoch zu tun.«

Zusätzliche Hinweise aus meiner Heilpraxis: Bei seelischen und körperlichen Schmerzen und Qualen (auch bei Ängsten vor einer Verzweiflungstat); oft bei Stirnhöhlenbeschwerden hilfreich. Cherry Plum stärkt wieder unsere geistige Kraft und läßt uns neues Vertrauen gewinnen.

Heilgedanke: »In mir ist eine Quelle. Ich schöpfe Kraft aus ihr, um meine Aufgabe zu erfüllen.«

ASPEN (2), Zitterpappel

Dr. Bach: »Bei vagen, nicht erkennbaren Ängsten, für die es weder eine Erklärung noch einen Grund gibt. Der Patient mag von Schrecken darüber erfüllt sein, daß sich etwas Entsetzliches ereignen wird, das er aber nicht genau bestimmen kann. Diese unerklärlichen Ängste können ihn sowohl nachts wie tagsüber verfolgen. Menschen, die darunter leiden, trauen sich oft nicht, mit anderen über diese Probleme zu sprechen.«

Zusätzliche Hinweise aus meiner Heilpraxis: Bei Angst vor unbekannten neuen Dingen und Situationen. Aspen läßt uns erkennen, daß wir uns vom Ego lösen und nur noch Liebe für die Einheit der Schöpfung entwickeln müssen.

Heilgedanke: »Ich kann zuversichtlich in die Zukunft blicken. Ich werde geführt.«

RED CHESTNUT (25), Rote Kastanie

Dr. Bach: »Für Menschen, die es schwierig finden, sich um andere Menschen keine Sorgen zu machen. Oft haben sie aufgehört, sich um sich selbst Sorgen zu machen, aber sie leiden viel um jene Menschen, denen sie zugeneigt sind, und sehen für diese Menschen oft unglückliche Ereignisse voraus.«

Zusätzliche Hinweise aus meiner Heilpraxis: Allzuoft wird Angst projiziert, und zerstörerische Gedanken tauchen auf, besonders bei Menschen, die wir lieben. Red Chestnut verstärkt die Kraft von Liebe, Mitgefühl und Erkenntnis sowie die Kraft, Vertrauen und Glück auszustrahlen.

Heilgedanke: »Jeder Lebensplan ist anders. Jeder führt auf seine Weise zur Vervollkommnung.«

Ein Fall aus meiner Praxis

Eine attraktive, selbständige Frau kam in die Praxis wegen ständig wiederkehrender Nervenschmerzen, die stets wechselten. Einmal hatte sie Gürtelrose, das andere Mal konnte sie das rechte Bein fast nicht mehr bewegen. Es stellte sich aufgrund des Heilblüten-Farbtests heraus, daß sie große Ängste hatte, nicht alles zu schaffen. Die Schmerzen tauchten jedesmal erneut verstärkt auf, wenn sie längere Zeit Auto gefahren war. Sie erzählte auch beiläufig, daß sie drei Jahre zuvor einen Autounfall hatte. Der Gegenfahrer hatte sie nicht gesehen, nicht gebremst und war ihr seitlich hineingefahren. Sie konnte dem entgegenkommenden Auto nicht mehr ausweichen. Dieses Schockerlebnis war noch so präsent, daß bei jeder kritischen Situation im Straßenverkehr diese Szene wieder vor ihr auftauchte.
Ihr wurden folgende Heilblüten verschrieben: Rock Rose (Gelbes Sonnenröschen) gegen die panische Angst. Aspen (Espe) gegen ihre Angst vor unbekannten Dingen. Red Chestnut (Edelkastanie), weil sie immer wieder an diese damals erlebten geistigen Ängste dachte. Außerdem Scleranthus (Einjähriger Knäuel) gegen ihr seelisches Ungleichgewicht. Zusätzlich empfahl ich ihr, zu meditieren, mit der Farbe Rosa und Grün am Herzchakra zu bestrahlen

bzw. dort zu visualisieren, um verzeihen zu können, und mit der Affirmation »Gott liebt mich und schenkt mir wieder Zuversicht; es gibt wieder Hoffnung« mental zu arbeiten. Eine Woche später berichtete sie, daß sie sich ruhiger fühle. Allerdings hatte sie drei Nächte verstärkte Träume. Die Schmerzen im Rücken und im rechten Bein haben nachgelassen. Einen Monat später war sie beschwerdefrei.

2. Durch Selbstbewußtsein fällt Unsicherheit ab

»Die Krankheit von heute
ist nur die Überschreitung
der Naturgesetze von gestern.«

Sprichwort aus dem Iran

»Die Saat des Skeptizismus ist aufgegangen, tatsächlich besitzt der moderne Mensch kein geistiges Selbstvertrauen mehr. Hinter einem selbstsicheren Auftreten verbirgt er eine große geistige Unsicherheit. Trotz seiner materiellen Leistungsfähigkeit ist er ein in Verkümmerung begriffener Mensch«, schrieb der bedeutende Arzt, Musiker, Theologe und Schriftsteller Albert Schweitzer (*Aus meinem Leben und Denken*).
Als körperliches Merkmal kennen wir alle mehr oder weniger Unsicherheit, wenn es um unseren Gleichgewichtssinn geht. Das erstemal auf Skiern stehen, auf Schlittschuhen, Fahrrad fahren, schwimmen, die ersten Schritte eines Kleinkinds ... das alles sind Unsicherheiten, die vornehmlich darauf beruhen, daß uns bestimmte Körperhaltungen

noch ungewohnt sind, daß sie erst erlernt werden müssen, bevor sie in Fleisch und Blut übergehen.
Als geistiges Phänomen kennen wir Unsicherheit als ein Gefühl der Ungewißheit vor und in neuen Situationen, als Lampenfieber vor und bei öffentlichen Auftritten und so fort. Wenn wir genau hinschauen und uns gefühlvoll darauf einstimmen, werden wir feststellen, daß geistige Unsicherheit auch immer ein Element der Angst enthält – wie ja bei den meisten Erwachsenen, die zum erstenmal auf Skiern oder Schlittschuhen stehen, auch die körperliche Unsicherheit ein Teil Angst mit ausdrückt.
Der Begriffsinhalt von »Sicherheit«, ist ursprünglich »frei von Schuld und Strafe«, später kommt »ohne Sorge« hinzu, noch später »schützen«. Unsicherheit wäre demnach »schuldig und gestraft«, »voller Sorge« und »nicht geschützt«. Solche Begriffserklärungen helfen uns oft, Aspekte eines Lebensgefühls nachzuempfinden, die wir bisher noch gar nicht so klar erkannt haben.
Häufig fällt es uns leichter, mit Unsicherheit umzugehen, sie zu betrachten und an uns zu arbeiten, um sie zu überwinden, als uns unsere Ängste einzugestehen und diesen offen gegenüberzutreten.
Selbstbewußtsein kann man trainieren. In Nordamerika gibt es seit Jahrzehnten ganze Bewegungen und Schulen, um Selbstvertrauen zu entdecken und sich anzueignen. Dale Carnegies *Wie man Freunde gewinnt*, eine sowohl auf die Privatsphäre als auch vor allem auf geschäftlichen Erfolg ausgerichtete Lehre, und das positive Denken von Joseph Murphy und Norman Vincent Peale haben Maßstäbe für Methoden gesetzt, Selbstvertrauen zu entwickeln. In den USA nennt man diese Art der Förderung von Selbstbewußtsein auch »motivational«, also motivierend. Selbstbewußtsein im echten Sinne – also nicht aufgesetzte Präpo-

tenz, Arroganz, Ellenbogenmentalität und dergleichen – ist immer, wie Schweitzer es sagte, geistiges Selbstvertrauen. Ich muß also vertrauen lernen, und zwar mir selbst. Was ist »vertrauen«, was ist »selbst«? Nehmen Sie sich bitte ruhig die Zeit, einmal ohne weitere Vorgaben und Meinungen anderer nachzusinnen, was Selbstvertrauen für Sie ganz persönlich bedeutet!

Erinnern Sie sich, wann Sie sich früher einmal ganz als Sie selbst gefühlt haben? In welcher Situation? Mit welchen Menschen zusammen, oder waren Sie allein? Hatte es mit einer Landschaft, mit Natur zu tun? Oder mit einer besonders harmonischen Stimmung, mit Gebet oder Meditation?

Was ist Vertrauen? Eine Sicherheit, eine aus Erfahrung, Glauben, Gewohnheit und anderen häufig erlebten Situationen gewonnene Gewißheit, daß nichts schiefgehen kann, daß alles in Ordnung ist, daß alles auf der rechten Bahn ist bzw. in die rechte Bahn gelangt. Das vielleicht eindeutigste Vorbild für Vertrauen finden wir zwischen Säugling und Mutter. Das Neugeborene hat ja gar keine andere Möglichkeit, als blind zu vertrauen. Der Unterschied zwischen dem blinden Vertrauen des Kleinkinds und dem für uns notwendigen Selbstvertrauen liegt in der Herausforderung für uns, bewußt vertrauen zu lernen.

Wer oder was ist das »Selbst«? Sicher nicht mein Ich, mein Ego. Ein Meister, Kirpal Singh, fragte einmal: »Gott plus Ego ist Mensch; der Mensch minus Ego ist dann also was?« »Selbst« ist mehr als die sich ständig wandelnden Gefühle und Gedanken, die auftauchen und wieder vergehen. »Selbst« ist sicher auch mehr als unser Körper, der sich spätestens nach sieben Jahren von der Zusammensetzung seiner Moleküle völlig ausgetauscht hat. Was also ist das »Selbst«? Erneut, wie bei Angst, so auch bei Unsicherheit, stehen wir vor der Aufgabe, bewußter zu werden, uns selbst zu erkennen. Wahre, umfassende Heilung ist ohne Selbsterkenntnis im Regelfall nicht möglich. Sicher wollen Sie gern hören, welche Ausnahmen es gibt: Solche Menschen, die in der Yogasprache den Weg des Bhakti-Yoga gehen, den Pfad der bedingungslosen Liebe und Hingabe an Gott, an das Höchste, solche Menschen vermögen durchaus auch durch die magnetische Kraft ihres Glaubens und ihres intensiven und tiefen Vertrauens in die positiven, schöpferischen, göttlichen Kräfte Heilung erfahren, ohne etwas zu »wissen«.

Weitere Hilfen

Um Selbstvertrauen auch psychosomatisch zu fördern, hat sich eine einfache Stimmübung bewährt, die wir auch in unseren Seminaren gern einsetzen.

- Sprechen Sie einige Minuten lang Ihren eigenen Namen, entweder nur den Vornamen oder Vor- und Nachnamen, gut vernehmlich vor sich hin.
- Nach einigen – wenigstens zwei! – Minuten, singen sie nun Ihren Namen. Behaupten Sie bitte jetzt nicht, Sie könnten nicht singen. Es hört Ihnen keiner zu, Sie stehen ja nicht auf der Bühne. Selbstvertrauen hat sehr viel mit dem Ausdruck über das Kehlkopfchakra, also mit schöpferischer Kommunikation, zu tun. Das gilt es zu stärken. Singen Sie also bitte mindestens zwei Minuten lang Ihren eigenen Namen.
- Und als i-Tüpfelchen stellen Sie sich nun vor einen großen Spiegel, etwa drei bis vier Meter entfernt, aufrecht hin, gehen auf den Spiegel zu mit einem Schritt, breiten dabei die Arme aus, als ob Sie jemand Lieben

überschwenglich begrüßen wollten, und sagen laut vernehmlich: »Guten Tag, liebe/r ... (Ihr Name jetzt), ich freue mich, daß ich lebe!« Machen Sie das etliche Male und schauen Sie sich ruhig dabei im Spiegel an.»Sie werden feststellen, daß die feinstofflichen Wirkungen von Bachblüten, Farbtherapie, Homöopathie und dergleichen durch derartige psychosomatische Übungen entscheidend gefördert und geerdet werden.

Die Bachblüten der Gruppe »Unsicherheit – Selbstbewußtsein«

Dr. Bach stellt folgende wesentlichen Arten von Unsicherheit bei den sechs Blüten dieser Gruppe heraus:

Cerato	= Unsicherheit durch Mangel an Selbstbewußtsein
Scleranthus	= Unsicherheit durch Schwanken zwischen zwei Entscheidungsalternativen
Gentian	= Unsicherheit durch rasche Entmutigung
Gorse	= Unsicherheit durch Hoffnungslosigkeit
Hornbeam	= Unsicherheit durch zu geringe Belastbarkeit
Wild Oat	= Unsicherheit durch Mangel an Lebensprioritäten

CERATO (5), Bleiwurz

Dr. Bach: »Für Menschen, denen es an ausreichendem Selbstbewußtsein mangelt, um ihre eigenen Entscheidungen zu treffen. Sie suchen ständig nach Ratschlägen von anderen und werden dabei oft fehlgeleitet.«

Zusätzliche Hinweise aus meiner Heilpraxis: Bei mangelndem

Selbstvertrauen. Cerato hilft uns, die eigene Persönlichkeit zu entdecken und zu erkennen.
Heilgedanke: »Ich trage Verantwortung für mein Leben. Ich vertraue auf meine innere Stimme.«

SCLERANTHUS (28), *Einjähriger Knäuel*
Dr. Bach: »Für jene, die sehr darunter leiden, sich zwischen zwei Dingen nicht entscheiden zu können. Üblicherweise handelt es sich um stille Menschen, die ihr Problem alleine tragen und es nicht mit anderen besprechen mögen.«

Zusätzliche Hinweise aus meiner Heilpraxis: Wenn der Mensch innerlich aus dem Gleichgewicht geraten ist; auch bei Unentschlossenheit und ihren psychosomatischen Folgen. Scleranthus hilft, die Verbindung zum inneren Wesen zu stärken, Dinge mit Bestimmtheit anzugehen und aus daraus gewonnen Erfahrungen zu lernen und somit die Urteilsfähigkeit zu fördern.

Heilgedanke: »Ich bitte um inneres Gleichgewicht und Klarheit. Ich entscheide sicher.«

GENTIAN (12), *Bitterer Enzian*
Dr. Bach: »Für Menschen, die sich leicht entmutigen lassen. Sie mögen ihre Krankheit rasch überwinden oder gut in ihren Alltagsangelegenheiten vorankommen, aber jede kleine Verzögerung oder ein Hindernis im Fortschritt bewirken Zweifel oder beeinträchtigen bald ihr Selbstvertrauen.«

Zusätzliche Hinweise aus meiner Heilpraxis: Man ist allzuleicht entmutigt und neigt schnell dazu, depressiv zu werden; man fühlt sich oft kummervoll und verzagt rasch angesichts plötzlicher Hindernisse. Gentian verleiht uns Mut und das Erkennen, daß wir unsere fröhliche Einstellung bewahren können, auch wenn nicht alles gleich auf Anhieb klappt.

Heilgedanke: »Ich kann Schwierigkeiten meistern. Ich habe Mut, geduldig zu wachsen wie die Natur.«

GORSE (13), *Stechginster*
Dr. Bach: »Bei sehr großer Hoffnungslosigkeit; für Menschen, die den Glauben aufgegeben haben, daß ihnen noch geholfen werden kann. Solche Menschen probieren vielleicht verschiedene Heilmittel und Therapien aus, um andere zufriedenzustellen oder weil sie dazu gedrängt werden – sie versichern ihrer Umwelt aber bereits gleichzeitig, daß sehr wenig Aussicht auf Besserung besteht.«

Zusätzliche Hinweise aus meiner Heilpraxis: Bei Antriebsschwäche hilft diese Bachblüte, um aus alten Gewohnheiten und/oder Hoffnungslosigkeit herauszukommen; besonders für Kranke, die keine Anstrengung mehr machen, um wieder gesund zu werden, oder dazu erst mühevoll »überredet« werden müssen. Gorse gibt wieder Hoffnung, ganz genesen zu können.

Heilgedanke: »Das Leben ist ein Geschenk. Ich achte und nutze es.«

HORNBEAM (17), Hainbuche

Dr. Bach: »Für Menschen, die meinen, daß es ihnen an ausreichender geistiger oder körperlicher Kraft fehle, um die ihnen aufgebürdete Lebenslast zu tragen. Die Alltagsanforderungen erscheinen ihnen unerfüllbar, obwohl sie im allgemeinen ihre Aufgaben erfolgreich erledigen. Für jene, die glauben, daß irgend etwas an Verstand, Gemüt oder Körper erst gestärkt werden müsse, bevor sie ihre Arbeit leichter schaffen können.«

Zusätzliche Hinweise aus meiner Heilpraxis: Man hat das Gefühl, zu müde zu sein, um den Alltag zu bewältigen. Hornbeam läßt den Wunsch aufkommen, lohnenswerte Dinge zu tun und das Leben zu erleben.

Heilgedanke: »Ich habe in diesem Leben eine Aufgabe. Die kosmischen Energien helfen mir, sie zu erfüllen.«

WILD OAT (36), Waldtrespe

Dr. Bach: »Für Menschen, welche den Ehrgeiz haben, etwas Herausragendes im Leben zu vollbringen; die viel erleben und alles ihnen Erreichbare genießen wollen; die das Leben ausschöpfen wollen. Ihre Unsicherheit bzw. Schwierigkeit besteht darin, sich über ihre berufliche Tätigkeit nicht klarzuwerden, denn trotz starker Neigungen spüren sie keine eindeutige Berufung. Das kann zu Verzögerungen und Unzufriedenheiten führen.«

Zusätzliche Hinweise aus meiner Heilpraxis: Es fehlt der Wunsch, gesund zu werden; man ist oft zu sehr von anderen Menschen beeinflußt oder fühlt sich unter Druck. Die

Seele befindet sich nicht immer im Körper, und der Kontakt mit der Realität und der Erde geht verloren. Wild Oat hilft, sein »Dharma« also das Gebot bzw. den Weg der Seele, zu finden. Die Nichterkenntnis des rechten Lebenswegs bringt Unerfülltsein mit sich.

Heilgedanke: »Ich öffne mich für Impulse meiner Intuition. Ich vertraue meiner Seele.«

Fallbeispiele aus meiner Praxis

Einen typischen Fall in der Praxis habe ich mit Cerato (Bleiwurz) erlebt. Ein gutaussehender Mann litt seit vielen Jahren an einem Hautausschlag im Gesicht und an den Beinen und vor allem zwischen den Beinen, welcher zeitweise so stark war, daß er sich nicht traute, geschäftliche und schon gar nicht private Verabredungen wahrzunehmen.
Aus der Anamnese ergab sich, daß er eine außerordentlich starke und dominante Mutter hat und er unbewußt vor jeder stärkeren weiblichen Kraft unsicher wurde. Andererseits suchte er sich stets starke Frauen als Partnerinnen. Er wagte es nicht, sich einer Partnerin wirklich hinzugeben, weil er glaubte, vereinnahmt zu werden.
Während der Anfälle des Hautausschlages wurde ihm Cerato gegeben. Außerdem Wild Oat (Waldtrespe), da er zu keiner dauerhaften Bindung oder Befriedigung fand. Ich erklärte ihm, daß er seine Partnerin als »Geliebte« sehen muß und auf keinen Fall als Nachfolgerin seiner Mutter. Innerhalb einer Woche entschied er sich, bei seiner Freundin zu bleiben und eine Frau nicht wieder wegen ihrer »weiblichen Stärke« zu verlassen; er organisierte seinen

eigenen Betrieb um und hatte allerdings zunächst eine Verschlimmerung des Hautausschlags bekommen. Bei einem erneuten Test mit den Heilblüten-Farbkarten stellte sich heraus, daß er noch White Chestnut (Roßkastanie) zusätzlich brauchte. Jetzt ging es bergauf. Die Hautausschläge verschwanden langsam, tauchten indes bei kritischen Auseinandersetzungen mit seiner Freundin wieder auf. Nach zirka einem Jahr der Einnahme von Cerato, Wild Oat und White Chestnut waren die heftigen und juckenden Hautausschläge verschwunden. Er konnte die Liebe zu seiner Mutter zeigen, weil er ihr verziehen hatte, und damit zeitgleich seine Freundin als gleichwertige Partnerin anerkennen und lieben.

Ein anderer Fall: Ein siebzigjähriger Mann erlitt in Abständen immer wieder Anfälle von Magenschmerzen und starker Übelkeit und Schwindel mit Erbrechen. Er war ein typischer Fall für Scleranthus (Einjähriger Knäuel), also voller Unentschlossenheit und Unausgeglichenheit. So wechselte sich auch sein Zustand täglich. Er lag oft tagelang im Bett.
Scleranthus wurde ihm stündlich gegeben, und innerhalb von sechs Tagen war er wieder fröhlich, pfiff vor sich hin und konnte wieder seiner Lieblingsbeschäftigung nachgehen, nämlich basteln, was er seit vielen Jahren nicht mehr gekonnt hatte. Drei Wochen dauerte die Einnahme von Scleranthus; er erholte sich vollständig und erfreut nun andere Menschen mit kleinen Basteleien.

3. Mangelhaftes Interesse an der Gegenwart durch aktive Teilnahme ersetzen

»Der ist ein Arzt,
der das Unsichtbare weiß,
das keinen Namen hat, keine Materie
und doch seine Wirkung.«

Paracelsus, Arzt und Philosoph

Mangelndes Interesse an der Gegenwart schwingt zwischen Gleichgültigkeit, Nostalgie, Zukunftsschwärmerei und Depression. Lebe ich gern überwiegend in der Vergangenheit, krame ich in alten Fotos herum und hänge früheren Zeiten und Erlebnissen nach, höre ich voller Sentimentalität die Schlager meiner Jugend, hadere ich mit dem Schicksal, dem Leben oder gar mit Gott, daß alles nicht mehr so ist wie früher, daß früher alles sehr viel besser war ...?

Oder verlege ich mich voller Hoffnung auf die Zukunft, die nahe oder ferne, in der alles Schlechte gut und alles Falsche richtig wird? Arbeite ich vor allem für eine kommende Zeit – die mir dann doch immer wieder wie eine Fata Morgana in der Wüstenhitze entgleitet und in die Ferne schwindet, sobald ich sie zu erhaschen glaubte?

Bin ich gegenüber der Gegenwart gleichgültig, resignativ, uninteressiert? Oder vermag ich mich der Gegenwart nicht zuzuwenden, obwohl ich es vielleicht sogar gern möchte, weil ich durch depressive Anwandlungen wie gelähmt bin?

Johann Wolfgang von Goethe schrieb 1823 an seinen Freund Eckermann: »Jeder Zustand, ja, jeder Augenblick ist von unendlichem Wert; denn er ist ein Repräsentant einer ganzen Ewigkeit.«

Der französische Mathematiker und Philosoph Blaise Pascal beklagte in der Mitte des 17. Jahrhunderts: »Wir halten uns niemals an die gegenwärtige Zeit. Wir nehmen die Zukunft voraus, da sie zu langsam kommt, gleichsam um ihren Lauf zu beschleunigen. Und wir rufen die Vergangenheit zurück, um sie aufzuhalten.«
Sant Darshan Singh, der große indische Dichter und Mystiker, schrieb: »Selbst wenn eine Freude meines Weges kam, erwies sie sich als vergänglich; aber jede Sorge, die ich erhielt, schien immerwährend.«
An anderer Stelle sagte er: »Liebe ist der Name für eine andauernde Ruhelosigkeit des Herzens, dieses endlose Sehnen ist das Symbol meines Lebens.«
Wann also lebe ich im Hier und Jetzt? Und mit welchem Lebensgefühl? Oder lebe ich vornehmlich in der Phantasiezeit anderer Räume und Dimensionen? Oder dämmere ich stumpfsinnig vor mich hin? Oder fühle ich mich wie von einem dichten dunklen Mantel von Trauer umhüllt und fast erstickt?
Ich lebe. Sie leben. Aber wie leben wir? Bewußt? Aktiv? Mit Einsatz auch unseres Willens? Unser aktiver Wille ist eine der sieben wesentlichen Persönlichkeitskräfte, die zu unserer Heilung und zu einem ganzheitlich-erfüllten Leben gehören. Wir brauchen uns dessen nicht zu schämen, wir dürfen diese Kraft nicht als »Ego« unterdrücken oder verdrängen. Ohne aktiven Willen, ohne bewußten Einsatz unserer schöpferischen Energien – die wir ja nicht irgendwie zufällig erhalten haben, sondern aus bestimmten Gründen, selbst wenn uns diese noch nicht offenbar sein mögen (es gibt bekanntlich überhaupt keinen »Zufall« im Kosmos) –, ohne unseren aktiven Willen also können wir ja noch nicht einmal unsere Schuhe anziehen. Das Beispiel zeigt sehr eindrücklich, warum es nichts Anrüchiges am

aktiven Willen gibt. Es kommt selbstverständlich darauf an, ob die Motivation und die Ziele, wofür wir ihn einsetzen, egoistisch oder gar destruktiv für andere Lebensformen sind. Wenn daran aber nichts Negatives ist, gibt es keinen Grund, warum wir ihn nicht nutzen sollten als eine Ausdrucksform unseres Lebens und der kosmischen Kräfte, die durch alle Lebensformen wirken.
Angst vor dem aktiven Willen ist auch Angst vor sich selbst, vor dem eigenen Potential, den eigenen Chancen, Aufgaben und Möglichkeiten der bewußten Mitgestaltung der Schöpfung.

Weitere Hilfen

Nehmen Sie sich eine Woche lang jeden Tag einen anderen Kernsatz vor, den Sie immer im Bewußtsein zu halten versuchen. Nehmen Sie zum Beispiel pro Wochentag den Heilgedanken einer Bachgruppe (siehe Seite 190). Und versuchen Sie, während Sie ihn den ganzen Tag über wiederholen, auch Ihre Körperhaltung dem Inhalt und Wert dieses Gedankens anzupassen. Damit geben Sie Ihrem Geist die Chance, positive Impulse intensiv in ihrer Schwingung zu erfassen und zu verinnerlichen, und Sie geben Ihrem Körper die Chance, eine neue Körpersprache auszuprobieren. Der Geist wirkt auf den Körper, und der Körper wirkt auf den Geist – es handelt sich um eine komplexe wechselseitige Wirkung.

Die Bachblüten der Gruppe »mangelndes Interesse für die Gegenwart – aktive Teilnahme«

Dr. Bach unterscheidet die sieben Mittel dieser Gruppe nach folgenden Hauptmerkmalen:

Clematis	= mangelndes Gegenwartsinteresse aufgrund von stiller Träumerei
Honeysuckle	= mangelndes Gegenwartsinteresse aufgrund von Leben in der Vergangenheit
Wild Rose	= mangelndes Gegenwartsinteresse aufgrund von Resignation
Olive	= mangelndes Gegenwartsinteresse aufgrund von Überforderung bzw. Überlastung
White Chestnut	= mangelndes Gegenwartsinteresse aufgrund von gedanklicher oder seelischer Ablenkung bzw. Verwirrung
Mustard	= mangelndes Gegenwartsinteresse aufgrund von Schwermut
Chestnut Bud	= mangelndes Gegenwartsinteresse aufgrund von Schwerfälligkeit

CLEMATIS (9), Weiße Waldrebe

Dr. Bach: »Für Menschen, die träumerisch oder schläfrig sind und kein großes Interesse am Leben besitzen. Es sind stille Menschen, die in ihren gegenwärtigen Umständen nicht wirklich glücklich sind und die mehr in der Zukunft als in der Gegenwart leben – in der Hoffnung auf glücklichere Zeiten, wenn ihre Ideale Wirklichkeit werden mögen. Bei Krankheiten unternehmen manche dieser Menschen wenig oder keinerlei Anstrengung, gesund zu werden, und sehnen sich in gewissen Fällen sogar nach dem Tod, wiederum in der Hoffnung auf bessere Zeiten oder in der Erwartung, ›drüben‹ einen lieben verstorbenen Menschen zu treffen.«

Zusätzliche Hinweise aus meiner Heilpraxis: Man ist gleichgültig, oft auch schläfrig; man hat wirkliches Interesse am Leben verloren; »Tagträumer«. Clematis erdet und verleiht irdische Sicherheit.

Heilgedanke: »Ich beobachte meine Gedanken. Ich entscheide mich bewußt, welche mich wirklich interessieren und handle danach.«

HONEYSUCKLE (16), Jelängerjelieber
Dr. Bach: »Für Menschen, die viel in der Vergangenheit leben – vielleicht in einer Zeit großen früheren Glücks, in Erinnerungen an einen verstorbenen Freund oder an Ambitionen, die sich nicht verwirklichen ließen. Sie erwarten kein größeres Glück mehr als das, welches sie bereits erlebt haben.«

Zusätzliche Hinweise aus meiner Heilpraxis: Die Gedanken verweilen in alten, vergangenen Krankheitszuständen, und man befindet sich ganz allgemein zu sehr in der Vergangenheit. Honeysuckle gibt uns die Kraft, die Realität zu erfassen, um Erfahrungen zu sammeln und dadurch zu lernen.

Heilgedanke: »Ich schätze meine schönen Erinnerungen. Ich trage täglich bewußt dazu bei, anderen Menschen Freude zu bereiten.«

WILD ROSE (37), Heckenrose

Dr. Bach: »Für jene, die sich anscheinend ohne erklärlichen Grund in alles schicken, was passiert; die einfach durch das Leben gleiten und es nehmen, wie es ist, ohne jede Bemühung, etwas zu verbessern und etwas Freude zu finden. Solche Menschen haben sich dem Lebenskampf klaglos übergeben.«

Zusätzliche Hinweise aus meiner Heilpraxis: Bei Resignation aufgrund Sichgehenlassens und Mutlosigkeit. Wild Rose hilft, wieder geistig zu erwachen und kreativ zu sein sowie Liebe zum Geben zu empfinden.

Heilgedanke: »Die Schöpferkraft hat mir die Chance zur Freiheit geschenkt. Diese Freiheit nutze ich für ein schönes und kreatives Leben.«

OLIVE (23), Olive

Dr. Bach: »Für Menschen, die geistig oder körperlich viel gelitten haben und so erschöpft und überfordert sind, daß sie meinen, keine Kraft mehr zu besitzen, um irgendeine weitere Bemühung zu unternehmen. Das Leben ist für sie freudlose, harte Arbeit.«

Zusätzliche Hinweise aus meiner Heilpraxis: Bei völliger Erschöpfung und Verausgabung der eigenen Kräfte. Olive gibt wieder Kraft, um Geist und Körper in Einklang zu bringen und wieder vollkommene Gesundheit und Glück zu erlangen.

Heilgedanke: »Ich darf mir selbst Ausgelassenheit und spielerische Freude gönnen. Ich lasse neue Energien durch mich strömen.«

WHITE CHESTNUT (35), *Weiße Kastanie*
Dr. Bach: »Für jene, die nicht verhindern können, daß unerwünschte Gedanken, Ideen und Streitigkeiten ihr Gemüt besetzen. Das tritt normalerweise auf, wenn das Augenblicksinteresse nicht stark genug ist, um ihr Gemüt zu fesseln und zu erfüllen. Bei Gedanken, die ständig Sorgen verursachen und auch dann wiederauftauchen, wenn man sie zeitweise verworfen hat. Sie scheinen laufend um einen zu kreisen und verursachen geistige Qualen. Die Gegenwart solcher unerfreulicher Gedanken stört den Gemütsfrieden und behindert die Fähigkeit, sich auf die Arbeit oder die Freude des Tages zu konzentrieren.«

Zusätzliche Hinweise aus meiner Heilpraxis: Bei unangenehmen Gedanken, welche den inneren Frieden zerstören, und wenn man keine Lösung findet. White Chestnut trägt dazu bei, den Gedankenkreisel aufzuheben, um wieder Klarheit im Inneren zu erhalten. Dies wird verstärkt durch Meditation und den daraus resultierenden ruhigen Gedanken.

Heilgedanke: »In mir ist Frieden. Diese Harmonie schenkt mir innere und äußere Ausgeglichenheit.«

MUSTARD (21), *Ackersenf*
Dr. Bach: »Für Menschen, die zeitweise schwermütige Anwandlungen oder gar Verzweiflungsstimmungen erlie-

gen, als ob eine kalte, dunkle Wolke sie überschattet und Licht und Lebensfreude verbirgt. Für solche Anfälle mag es keinen Grund und keine Erklärung geben. Unter solchen Bedingungen ist es fast unmöglich, sich glücklich oder heiter zu fühlen und das auch seinen Mitmenschen zu vermitteln.«

Zusätzliche Hinweise aus meiner Heilpraxis: Für Menschen, die unter Anfällen von Zweifeln und Traurigkeit leiden. Mustard erhellt das Erdenleben, gibt uns die Chance, das Gesetz von Ursache und Wirkung zu begreifen, und erlaubt uns, unserer Seele wieder Freude und Glück zu gönnen.

Heilgedanke: »Helles, heiteres Licht hilft mir, Harmonie und Freude zu spüren und auszustrahlen.«

CHESTNUT BUD (7), *Knospe der Roßkastanie*

Dr. Bach: »Für jene, die sich Lebenserfahrungen und -beobachtungen nicht voll zunutze machen und die länger als andere brauchen, um die Lektionen des Alltags zu lernen. Während für manche Menschen eine einzige Erfahrung genügen würde, um die entsprechende Einsicht zu gewinnen, finden es diese Menschen notwendig, mehrere, manchmal viele gleichartige Erfahrungen zu machen. Deshalb stellen sie zu ihrem Bedauern fest, daß sie bei verschiedenen Gelegenheiten häufig denselben Irrtum begehen, wobei eine einmalige Erfahrung sie eigentlich davor behüten müßte oder ihnen die Beobachtungen anderer sogar diesen einen Fehler hätte ersparen können.«

Zusätzliche Hinweise aus meiner Heilpraxis: Wenn man sich schwertut beim Lernen und dabei, Neues anzunehmen.

Chestnut Bud gibt die Kraft, spirituelle Ermahnungen der Seele deuten zu können, auch aufgrund von Lektionen des Lebens.

Heilgedanke: »Ich erkenne meine Verhaltensmuster und Fehler und bin bereit, etwas Neues daraus zu lernen.«

Fallbeispiele aus meiner Praxis

Die Mutter eines zehnjährigen Mädchens beklagte sich, daß ihrer Tochter seit der Trennung von ihrem Vater alles gleichgültig war. Die Lehrerin bemängelte die Aufmerksamkeit und erklärte, daß das Mädchen während des Unterrichts nur zum Fenster hinausschaut. Hier halfen Clematis (Weiße Waldrebe) und Honeysuckle (Jelängerjelieber, Geißblatt).

Noch ein Fall: »Ich bin so erschöpft, daß ich jeden Augenblick losheulen könnte«, erklärte mir eine junge Frau, Mutter eines lebhaften Buben. Sie hatte ihre ganzen Ersparnisse und zusätzlich einen Kredit ihrem Lebenspartner für dessen Geschäftsaufbau überlassen. Doch der geschäftliche Erfolg blieb aus. Der Kredit mußte zurückgezahlt werden, also arbeitete sie doppelt soviel, kümmerte sich nebenbei um ihren Sohn und den Haushalt.

Sie hätte sich gern von diesem Mann getrennt, doch hatte sie jetzt kein Geld und vor allen Dingen keine Kraft mehr, noch mal von vorn anzufangen und aus der gemeinsamen Wohnung auszuziehen. Ganz offensichtlich befand sie sich im »Olive-Zustand«. Nach dem Heilblüten-Farbkarten-Test stellte sich heraus, daß sie noch Chestnut Bud (Knospe der Roßkastanie) und Mustard (Ackersenf) brauchte. Sie hatte viele körperliche Warnungen vorher nicht ernst

genommen und sich einfach übernommen. Wie sich bei der Anamnese herausstellte, liefen ihre Partnerschaften stets ähnlich ab. Sie verausgabte sich für den Partner, war dann geschwächt und zeitweise depressiv. Aufgrund der Einnahme von Olive, Chestnut Bud und Mustard erkannte sie, daß sie noch nie ihre eigenen Wünsche respektiert hatte.
Sie hatte nun die Kraft, beruflich umzusatteln und ihrer Berufung nachzugehen, gewann ihre Lebensfreude wieder und war jetzt in der Lage, ihre eigene Persönlichkeit auszuleben. Unterstützend wurde mit der Farbe Türkis an der Schilddrüse (Kehlkopfchakra) bestrahlt. Türkis harmonisiert dieses Chakra und hilft, die innere Wahrheit zu erkennen und zu leben.

4. Aus Einsamkeit zum Einssein finden

»Es ist gar nicht selbstverständlich,
daß der Kranke gesund werden will.
Etwas im Kranken steht im heimlichen Komplott
mit seiner Krankheit.«

Wilhelm Stählin, Theologe

Clemens von Brentano dichtete in »Der Spinnerin Lied« im Stile der Romantik:

Seit du von mir gefahren,
singt stets die Nachtigall,
ich denk bei ihrem Schall,
wie wir zusammen waren.

Gott wolle uns vereinen,
hier spinn ich so allein,
der Mond scheint klar und rein,
ich sing und möchte weinen.

Seneca, der römische Stoiker, Philosoph und Lehrer Neros (der durch Freitod aus diesem Leben schied), sah Einsamkeit anders: »Ich habe begonnen, mir selbst Freund zu sein. Damit ist schon viel gewonnen, denn man kann dann nie mehr einsam sein.«

Vielleicht haben Sie schon einmal über den Unterschied zwischen den Begriffen »einsam« und »allein« nachgedacht. »Einsam« ist aus »ein« und der Endung »sam« entstanden und bedeutet soviel wie ganz für sich zu sein, einzeln, ohne einen anderen Menschen als Gefährten, Nachbarn, Partner oder dergleichen. Luther verwandte das Wort einsam in der Bibel auch in der Bedeutung »unverheiratet sein«. Allein entstand als »all« und »eins«, bedeutet also, ›all-eins‹ zu sein – ein deutlicher Unterschied in der emotionalen Bewertung eines Zustands gegenüber dem, ohne einen anderen Menschen zu sein.

Die oft negative, bedrückende, uns melancholisch oder gar depressiv stimmende Bedeutung der Worte »einsam« und »allein« rührt von unserer meist unbewußten Assoziation dieser Worte mit »verlassen sein« her. Wir haben Angst davor, verlassen zu werden und verlassen zu sein.

Wir kommen einzeln in diese Welt, sicher auch hilflos, aber nicht einsam und verlassen. Wenn wir diese körperliche Lebensform eines Tages hinter uns lassen, werden wir bewußt gehen? Werden wir eins mit uns selbst sein? Sicher werden wir einzeln gehen, ganz für uns, aber werden wir auch einsam gehen?

Das liegt wirklich nur an uns! Wenn wir jede Gelegenheit

wahrnehmen, die Einheit zwischen der kosmischen Kraft, der gesamten Schöpfung und allen Lebensformen und uns selbst zu erkunden und zu erleben, dann werden wir nach und nach eine neue spirituelle Einstellung und Lebensweise entwickeln. In dieser neuen Lebenseinstellung tauchen die alten Befürchtungen, Gefühlsmuster und Denkgewohnheiten, wie sich verlassen und vereinsamt zu fühlen, nicht mehr auf, weil wir zuallererst mit uns selbst eins sind.

Wie können wir mit uns selbst eins werden? Indem wir erkennen, wer wir sind. Sind wir nur Körper, Gefühle, Gedanken? Sind wir nur durch unseren Beruf, unseren Familienstand, unsere soziale Stellung definiert? Identifizieren wir uns nur mit dem körperlichen Leben, mit unserem Gemütsleben, mit dem Verstand? Oder haben wir uns auch schon als Seele, als geistiges, mehrdimensionales Wesen erfahren? Vielleicht in der Meditation, im Gebet, in ruhigen Augenblicken in einer harmonischen Natur, im geistigen Wiedererkennen mit einem anderen Menschen? Angelus Silesius sagte im »Cherubinischen Wandersmann«: »Mensch, werde wesentlich! Denn wenn die Welt vergeht, so fällt der Zufall weg; das Wesen, das besteht.«

Was wurde geboren? Was wird sterben? Und was ist unvergänglich? Was in uns kann verlassen werden, einsam sein, sich allein fühlen? Und was in uns ist mit allem verbunden, was fühlt sich als Teil einer großartigen überpersönlichen Kraft? Welche Energie vermag uns zur Quelle unseres Seins zu bringen, dort, wo alles Leben eins wird?

»Gefährten werden dich begleiten und eine ganze Karawane bilden. Aber heute mußt du dich allein auf den Weg begeben.« So schrieb Darshan Singh, einer der großen Menschheitslehrer. Der Weg zur Selbsterkenntnis und

Selbstverwirklichung muß mit unserem eigenen ersten Schritt beginnen, auch wenn wir den Weg zunächst allein zu gehen scheinen.
Wir hängen unser Herz allzuoft an vergängliche Dinge, an schwankende Gemüter, an oberflächliche Hoffnungen. Und dann sind wir enttäuscht, wenn diese sich entweder nicht einstellen oder sich als anders erweisen oder sie uns wieder verlassen. Und weil wir nicht mit uns selbst eins sind, fühlen wir uns dann einsam.
Wir leben. Woher kommt unser Leben? Aus welcher Quelle entspringt es? Aus welcher Kraft entsteht es und währt es? Mit *dieser* Kraft sind wir immer verbunden, vor diesem Leben, in diesem Leben und danach. Und *diese* Kraft müssen wir kennenlernen, um von Einsamkeit zu Einssein zu gelangen – am besten durch Meditation!

Die Bachblüten der Gruppe »Einsamkeit – Einssein«

Bach hob bei den drei Blütenmitteln dieser Gruppe folgende Anwendungen hervor:

Water Violet	= selbstgewählte bzw. selbstsichere Einsamkeit
Impatiens	= ungeduldige bzw. unduldsame Einsamkeit
Heather	= unglückliche Einsamkeit

WATER VIOLET (34), Sumpfwasserfeder
Dr. Bach: »Für Menschen, die – ob gesund oder krank – allein sein wollen; die sehr still sind, sich lautlos bewegen, wenig und sanft sprechen; die unabhängig, tüchtig und selbstbewußt und fast völlig frei von der Meinung anderer sind. Solche Menschen stehen über den Dingen, lassen

andere in Ruhe und gehen ihre eigenen Wege; oft sind sie klug und talentiert. Ihre Ruhe und ihr innerer Frieden können ein Segen für die Umwelt sein.«

Zusätzliche Hinweise aus meiner Heilpraxis: Für ruhige, reservierte Menschen, die es vorziehen, mit ihrem Leiden allein zu sein, und ihre Schwierigkeiten in Stille ertragen, um anderen Seelen nicht zur Last zu fallen; Weltschmerz. Water Violet verhilft uns zu Demut, Ruhe und Fröhlichkeit; gibt die Kraft, sich dem Leben zu stellen, und die Erkenntnis, daß Hilfsbereitschaft und Dienen Freude bedeuten können.

Heilgedanke: »Leben ist Geben und Nehmen. Ich kann Hilfe und Liebe geben, und ich kann sie auch annehmen.«

IMPATIENS (18), Drüsentragendes Springkraut

Dr. Bach: »Für jene, die schnell in Gedanke, Wort und Tat sind und möchten, daß alles ohne Zögern oder Verzögerung geschieht. Bei Krankheit warten sie ungeduldig auf rasche Genesung. Sie empfinden es als schwierig, Geduld für langsame Menschen aufzubringen, weil sie Langsamkeit als falsch und Zeitverschwendung betrachten; daher werden sie sich bemühen, solche Menschen in jeder Hinsicht rascher zu machen. Oft ziehen sie es vor, allein zu arbeiten, damit sie alles in ihrem eigenen Tempo erledigen können.«

Zusätzliche Hinweise aus meiner Heilpraxis: Für Menschen, die oft ungeduldig, leicht reizbar oder sogar aufbrausend sind. Impatiens hilft uns, nachsichtig zu sein und die Fähigkeit zu entwickeln, verzeihen zu können.

Heilgedanke: »Alle Dinge haben ihre Zeit. Ich öffne mich gelassen für meine Zeit.«

HEATHER (14), *Heidekraut*
Dr. Bach: »Für Menschen, die immer die Gesellschaft anderer suchen – wer auch immer gerade zur Verfügung stehen mag –, weil sie es als notwendig ansehen, ihre eigenen Angelegenheiten mit anderen Personen zu besprechen. Sie sind sehr unglücklich, wenn sie auch nur kurze Zeit allein sein müssen.«

Zusätzliche Hinweise aus meiner Heilpraxis: Für Menschen, die ihre Angelegenheiten mit aller Welt bereden und sich nur dann wirklich glücklich fühlen, wenn sie von anderen umgeben sind; diese Bachblüte hilft oft bei Warzen. Heather beschwichtigt Furcht und mildert Ängste und gibt die Möglichkeit, in uns selbst das zu finden, was wir bei anderen suchen; zum Beispiel indem wir mit Meditation nach innen gehen.

Heilgedanke: »Mein bester Freund ist meine eigene Seele. Ich bin eins mit ihr.«

Ein Fall aus meiner Praxis

Ein besonders ruhiger, höflicher und mutiger Mann besuchte mich in der Praxis wegen akuter Rheumaanfälle. Er hatte vorher schon viele Behandlungsarten ausprobiert und Kuren durchgeführt, aber seine Hände blieben steif und schmerzvoll, und seine Fußgelenke waren extrem angeschwollen. Er klagte auch über Steifigkeit im Nacken-

und Schulterbereich. Das Besondere an diesem Patient waren seine Ruhe, Gelassenheit und außerordentliche Höflichkeit. Im Berufsleben hasse er, Entscheidungen zu fällen, stehe aber zu allen Dingen, habe jedoch oft nicht die Kraft, seinen Untergebenen unangenehme Dinge zu sagen oder sie zu etwas außer der Reihe zu zwingen. Er wird von allen Mitarbeitern als seelischer Müllabladeplatz geschätzt. Er erzählte mir, daß er sich nach Ruhe sehne und eigentlich allein sein will, aber jedesmal seine Frau mitkommen läßt, weil er sich sonst einsam fühle.
Er erhielt Water Violet (Sumpfwasserfeder) und Heather (Heidekraut). Nach dreiwöchiger Einnahme von Water Violet und Heather wurde die Steifigkeit im Schulter-Nacken-Bereich bereits weniger. Am Ende von einem Monat konnte der Patient bereits wieder greifen. Um sich der neuen Situation anzupassen und um im Gleichgewicht zu sein, gab ich ihm fünf Tage Scleranthus (Einjähriger Knäuel). Beim Heilblüten-Farbkarten-Test entschied er sich für Impatiens (Drüsentragendes Springkraut), offensichtlich weil es ihm zu langsam ging.
Nach insgesamt zwei Monaten war er schmerzfrei, und er konnte die Hände locker bewegen. Die Schwellung am Fußgelenk war fast ganz zurückgegangen.

5. Überempfindlichkeit durch Hören auf die eigene innere Führung überwinden

»Es kommt darauf an,
den Körper mit der Seele
und die Seele durch den Körper zu heilen.«

Oscar Wilde, Schriftsteller

Überempfindlichkeit für Einflüsse und Ideen muß nicht unbedingt mit irgendeiner Form von Angst zu tun haben. Es gibt zwar auch Menschen, die aus lauter Sorge davor, was wohl die Nachbarn, Freunde, Vorgesetzten oder Familienpartner sagen mögen, sich ständig für die Meinungen, Einflüsterungen und Vorurteile der anderen öffnen und damit ihre Individualität aufgeben und unter Einflüssen und Ideen geradezu leiden. Aber häufiger als vermutlich bekannt, gibt es Menschen, die auf psychische und astrale Kräfte besonders empfindlich reagieren oder auch auf elektromagnetische, radioaktive und andere Strahlungen. Die Wirkungen dieser Art von Überempfindlichkeit erstrecken sich sowohl auf körperliche Krankheitssymptome wie auf Beeinflussungen der Gefühle, Gedanken und des Seelenzustands.

Die Autorin selbst gehört auch (leider) zu den Menschen, die feine und feinste unsichtbare Schwingungen körperlich spüren, zum Beispiel elektromagnetische Strahlung von Haushalts- und Bürogeräten, aber auch von Erdstrahlen und Wasseradern. Diese Sensibilität geht so weit, daß sie auch astrale Kräfte von verstorbenen Menschen oder früheren Geschehnissen an einem Ort empfindet und selbst auf weit entfernte Erdbeben psychosomatisch reagiert.

Im Regelfall – wenn Ängste keine Rolle spielen – ist Überempfindlichkeit für Einflüsse und Ideen die Folge einer offenen, entwickelten Bewußtseinshaltung. Je bewußter wir leben, zum Beispiel auch indem wir vegetarisch essen, keine Drogen zu uns nehmen usw., meditieren und uns mit Sinnfragen beschäftigen, desto reiner und empfänglicher werden wir in der Wahrnehmung durch unsere Sinne, desto öfter stellen sich aber auch sogenannte übersinnliche Wahrnehmungsformen ein.

Ahnungen, Bilder, Intuition, Wahrträume, Telepathie, Visionen, Hellsichtigkeit, mystische Erfahrungen, tief empfundene Anteilnahme für das Schicksal anderer Lebensformen und eine innige Öffnung für die kosmischen Energien der Schöpfung bewirken, daß wir dann auch in die Gefahr geraten, ungewollt oder sogar unbewußt Schwingungen aufzunehmen und uns Kräften zu öffnen, die für unsere weitere Entwicklung nicht hilfreich sind.

Die entscheidende Hilfe liegt in all diesen Fällen darin, daß wir unsere Unterscheidungsfähigkeit entwickeln und auf die eigene innere Führung hören. Diese innere Führung kann – muß aber nicht! – die Stimme unseres Gewissens sein. Allzuoft wird Gewissen nämlich mit Moral und Schuldkonzepten gleichgesetzt. Darum geht es in diesem Zusammenhang aber nicht.

Sie können sehr einfach prüfen, ob eine Idee oder ein Einfluß von »außen«kommt oder nicht: Sind körperliche Beschwerden damit verbunden? Zum Beispiel Magendrücken, Herzschmerzen, Kopfweh oder ähnliches? Falls Sie mit Ja antworten, handelt es sich um etwas, was nicht Ihrer göttlich geschaffenen, harmonischen Natur zu eigen ist und also von außen auf Sie einwirkt.

Wenn keine psychosomatischen Beschwerden auftauchen, und Sie aber unsicher sind, ob irgendwelche Kräfte auf Sie von außen einwirken, so sollten Sie folgendes tun: Prüfen Sie, welche Motivation hinter dem Einfluß oder der Idee steckt, die Sie spüren.

Ist die Motivation für Sie ethisch akzeptabel? Ist sie für Ihre Entwicklung hilfreich? Hat es etwas mit Ihrem Wesenskern zu tun, oder befindet sich die Bedeutung eher an der Oberfläche der Persönlichkeit? Handeln Sie nicht sofort aufgrund von fragwürdigen Einflüssen, sondern lassen Sie auf alle Fälle ein oder zwei Tage verstreichen, um festzustellen, ob sich Ihre Einschätzung der Lage vielleicht verändert, konkretisiert oder gar ganz klar wird, nachdem etwas Zeit verstrichen ist.

Auch hier geht es also wieder darum, daß man alle Aspekte und Möglichkeiten des Menschseins aktiviert – solche, die durch die Bachblüten angesprochen werden, aber auch jene, die mit Gefühl und Intuition sowie mit dem nüchternen Verstand zu tun haben.

Die Verbindung zur inneren Führung – zur Gotteskraft innen, zur Seele, zum höheren Selbst, zur Meisterkraft, zu Engeln oder wie immer Sie diese innere Führung bezeichnen – wird wiederum durch Gebet und Meditation am besten gestärkt.

Die Bachblüten der Gruppe »Überempfindlichkeit für Einflüsse und Ideen – Eigenverantwortung«

Dr. Bach stellte bei den vier Blütenmitteln dieser Gruppe folgende Schwerpunkte fest:

Agrimony	= Überempfindlichkeit aufgrund eines zu starken Harmoniebedürfnisses
Centaury	= Überempfindlichkeit aufgrund von Übereifer bzw. unangemessener Opferbereitschaft
Walnut	= gelegentliche Überempfindlichkeit ansonsten in sich ruhender, stabiler Menschen
Holly	= Überempfindlichkeit aufgrund eines bisweilen negativ gestimmten Gemüts

AGRIMONY *(1), Odermennig*

Dr. Bach: »Für jene umgänglichen, jovialen, heiteren und humorvollen Zeitgenossen, die ihren Frieden lieben, sich von jeder Debatte oder jedem Streit sehr belastet fühlen und bereit sind, viel zu tun, um solche Unannehmlichkeiten zu vermeiden. Obwohl sie im allgemeinen Probleme haben, ihr Gemüt und ihr Körper darunter leidet und sie eigentlich unruhig und voller Sorgen sind, verstecken sie das, was sie beschäftigt, hinter ihrem Humor und Witz. Sie gelten als sehr gute Freunde. Oft mißbrauchen sie Alkohol oder Drogen, um sich zu stimulieren und sich so scheinbar zu helfen, ihre Prüfungen fröhlich zu ertragen.«

Zusätzliche Hinweise aus meiner Heilpraxis: Wenn Menschen sorgenvoll sind, ruhelos oder gequält, und sie dies durch äußere Fröhlichkeit verbergen; oft auch bei Entzündungsschmerzen. Agrimony stärkt uns, um nicht aus der inneren Ruhe gebracht zu werden.

Heilgedanke: »Entwicklung bedarf auch der Festigkeit. Ich bin liebevoll und fest zugleich.«

CENTAURY *(4), Tausendgüldenkraut*
Dr. Bach: »Für Menschen, die freundlich, still und sanft sind, dabei übereifrig anderen dienen wollen und bei ihren Unternehmungen ihre Kräfte überschätzen. Ihr Streben überwältigt sie derart, daß sie mehr zu Bediensteten als zu freiwilligen Helfern werden. Ihre Gutmütigkeit läßt sie mehr als ihren Arbeitsanteil übernehmen, und dann kann es ihnen passieren, daß sie ihre eigene Lebensaufgabe vernachlässigen.«

Zusätzliche Hinweise aus meiner Heilpraxis: Für Menschen, die übermäßig besorgt sind, anderen Menschen zu helfen und zu dienen; meist überschätzen sie dabei ihre eigenen Kraftreserven. Centaury hilft, Körper und Gemüt zu stärken, und gibt neue Lebenskraft mit zielgerichteter Klarheit, ohne unterwürfig zu sein.

Heilgedanke: »Meine Lebensaufgabe ist es wert, daß ich sie erkenne und mich ihr bewußt zuwende.«

WALNUT (33), Walnuß
Dr. Bach: »Für diejenigen, die feste Ideale und Ambitionen im Leben verfolgen und meistens auch erreichen, aber bei seltenen Gelegenheiten durch Begeisterung, Überzeugungskraft oder kraftvoll vertretene Ansichten anderer in

Versuchung geführt werden, von ihren eigenen Ideen, Zielen und Arbeiten abzukommen. Dieses Mittel bietet Beständigkeit und Schutz vor äußeren Einflüssen.«

Zusätzliche Hinweise aus meiner Heilpraxis: Man läßt es geschehen, daß eigene Bestrebungen behindert oder sogar verhindert werden. Walnut verleiht Schutz vor störenden Einflüssen; neue Situationen können wahrgenommen werden, ohne alte Gedankenmuster einzubringen.

Heilgedanke: »Ich bin offen für den Austausch mit anderen und bleibe doch auf meinem Weg.«

HOLLY (15), Stechpalme
Dr. Bach: »Für Menschen, die bisweilen von negativen Gedanken wie Eifersucht, Neid, Rachsucht und Mißtrauen befallen werden; für die verschiedenen Formen von Ärger und Irritationen. Sie leiden viel, obwohl sie keinen tatsächlichen Grund dazu haben.«

Zusätzliche Hinweise aus meiner Heilpraxis: Für Menschen, die noch lange Zeit nach Ereignissen darüber nachdenken und sowohl Groll wie Beleidigtsein mit sich herumtragen. Holly stärkt die Eigenschaften von Mitgefühl, Liebe und Nachsicht.

Heilgedanke: »Das Leben gibt jedem das Seine. Ich öffne mich für das Meine.«

Ein Fall aus meiner Praxis

Ein etwa fünfzigjähriger Mann klagte über einen »Tennisellenbogen«. Es stellte sich heraus, daß er aber gar nicht Tennisspieler war. Beim Heilblüten-Farbkarten-Test wählte er bei den dreifarbigen Affirmationskarten Centaury (Tausendgüldenkraut) und Holly (Stechpalme). Auf meine Frage, wem er denn eigentlich grolle, antwortete er: »Eigentlich bin ich wütend auf meine Frau. Ich liebe sie, aber ich kann es nicht verkraften, daß sie im Beruf erfolgreicher ist als ich. Sie kann sich viel besser durchsetzen. Sie läßt sich auch nichts gefallen und weiß ganz genau ihre Ziele und Ideen umzusetzen. Einerseits bewundere ich meine Frau, andererseits bin ich eifersüchtig.«
Als Therapie erhielt er Centaury und Holly für drei Wochen, und ich ließ ihn mit der »rosa Wolke« arbeiten, um verzeihen zu können und, vor allen Dingen, um die Kraft zu haben, sich neidlos am Erfolg anderer zu erfreuen, und um überpersönlich lieben zu können.
Dazu schlage ich Ihnen eine Übung vor: Stellen Sie sich vor, Sie öffnen die Tür Ihres Herzens und lassen eine rosa Wolke herausströmen. Diese rosa Wolke zieht genau zu dieser Person hin, mit der Sie Schwierigkeiten haben. Sie beobachten, wie die rosa Wolke den Körper der anderen Person vollkommen ausfüllt. Dann schließen Sie Ihre eigene Herzenstür wieder. Sie sollten diese Übung mindestens einmal täglich durchführen.

6. Mit Dankbarkeit Mutlosigkeit und Verzweiflung heilen

»Ich habe das Register der Krankheiten angesehen und habe die Sorgen und traurigen Vorstellungen nicht darunter gefunden.
Das ist sehr unrecht.«

Georg Christoph Lichtenberg, Physiker

»Verzweiflung ist die Schlußfolgerung der Narren«, stellte der englische Staatsmann Disraeli fest. Der Berliner Schriftsteller Hans Kudszus formulierte einmal: »Verzweiflung ist auch ein Mangel an Dankbarkeit.« Johann Wolfgang von Goethe schrieb in *Des Epimenides Erwachen*: »Wo der Mensch verzweifelt, lebt kein Gott.« Und selbst der existentialistische Philosoph Jean-Paul Sartre wußte in *Die Fliegen*: »Das menschliche Leben beginnt jenseits der Verzweiflung.«

Mutlosigkeit und Verzweiflung als eine Narretei und Undankbarkeit, als Gottlosigkeit und noch mangelnde menschliche Entwicklung zu bezeichnen klingt nur auf den ersten Blick herzlos. Sie kennen sicher das Wort vom Glas, das entweder halb leer oder halb voll ist: Der Melancholiker beklagt, daß das Glas halb leer sei, der Sanguiniker freut sich, daß es halb voll ist.

Haben wir ein »Recht« darauf, mutlos zu sein und zu verzweifeln, solange wir noch das Geschenk des Lebens erfahren dürfen? Mutlosigkeit und Verzweiflung geraten schnell in eine andere Perspektive, wenn wir an die unendlichen Leiden der hungernden, gequälten Kinder, Frauen, Männer und Tiere denken, die in aller Welt eher dahinvegetieren als leben. Wir leben ja regelrecht auf einer Insel der Seligen, die die materiellen Mittel und die ideellen Chancen erhalten haben, sich bewußt entwickeln zu können. Wie guten Gebrauch machen wir von den vielen uns geschenkten Möglichkeiten? Achten wir unsere Gaben gering, vergeuden wir sie womöglich?

»Dankbarkeit ist das Gedächtnis des Herzens«, sagte der französische Geistliche Jean Baptiste Massieu. »Undankbarkeit ist eine Tochter des Stolzes«, erkannte der spanische Dichter Cervantes.

Wir Menschen gelten allen sogenannten Hochreligionen als »Krone der Schöpfung« aufgrund der Bewußtheit unserer Seele und der einmaligen Chance, in der »Unio mystica«, der mystischen Vereinigung, eins mit der Schöpferkraft, mit Gott zu werden. Sind wir dafür dankbar? Sind wir dankbar für die Luft, die Sonne, das Wasser, die Nahrung, den Nächsten, die Familie, die Freunde, das Fühlen, das Denken, das Leben?

Im indischen Kulturkreis gibt es zu diesem Thema eine hübsche Geschichte vom Tamarindenbaum. Ein Weiser kam an einem Tamarindenbaum mit unzählig vielen Blättern vorbei, der einem von der Arbeit erschöpften Bauern und einem von seinen Übungen erschöpften Asketen kühlen Schatten in der Mittagshitze bot. Nach Austausch der üblichen Höflichkeiten und nachdem der Bauer dem wandernden Weisen eine Wegzehr angeboten hatte, fragte der Asket ihn, wohin des Weges er gehe. Der Weise antwortete, daß er zu Gott gehe. Daraufhin bat der Asket ihn, bei Gott doch nachzufragen, wann er denn vom Rad der Wiedergeburt befreit würde. Der Weise erhob sich, um weiterzuwandern, und fragte den Bauern, ob er auch eine Frage an Gott mitzugeben habe. Der Bauer wurde verlegen, stammelte etwas vor sich hin und gestand schließlich dem Weisen, daß er gar nicht wisse, was er fragen solle.

Nach einiger Zeit kam der Weise wieder zum Tamarindenbaum und fand dort wieder die beiden Männer. Der Asket fragte ihn, was Gott geantwortet habe, worauf der Weise sprach: »Bereits nach drei weiteren Leben wirst du vom Rad der Wiedergeburt erlöst.«Der Asket hob daraufhin lauthals zu klagen an, zog sich an den Haaren und jammerte verzweifelt: »So lange schon habe ich mich um Gott bemüht, und so lange muß ich noch hier ausharren.« Der Weise wandte sich an den Bauern und sagte: »Gott hat mir für dich auch eine Botschaft mitgegeben. So viele Blätter, wie an diesem Tamarindenbaum sind, so oft mußt Du noch in das Erdenleben zurück, bevor du von deinem Schicksal erlöst bist.« Sofort sprang der Bauer auf, tanzte und sang wie von Sinnen und streckte immer wieder seine Arme zum Himmel aus: »Gott, ich danke dir, daß ich schon so bald von meinem Schicksal erlöst sein darf. Wie habe ich das nur verdient, daß ich nur noch so wenige Male hier auf die Erde kommen muß.« Die Geschichte endet damit, daß der Bauer unmittelbare Erleuchtung erfährt.
Der Autor durfte in Guatemala selbst miterleben, daß ein über siebzigjähriger Bauer jedesmal, wenn er nach über einstündigem Fußmarsch auf seinem kargen Stück Land angekommen war, um es zu bearbeiten, erst einmal auf die Knie sank, der Erde kleine Opfergaben aus Nahrungsmitteln darbrachte und Gott dafür dankte, daß er das Feld bestellen durfte und Gott Sonne, Regen und Erde gab, damit er und seine Familie leben durften. Auch die Autorin hat ähnliches noch vor zwanzig Jahren in Griechenland erlebt. Echte Dankbarkeit ist das beste Mittel gegen Mutlosigkeit und Verzweiflung!

Die Bachblüten der Gruppe »Mutlosigkeit und Verzweiflung – Dankbarkeit«

Dr. Bach stellte bei den acht Blüten dieser Gruppe folgende Merkmale in den Mittelpunkt (es wird nur Verzweiflung genannt, die Aussagen beziehen sich aber genauso auf Mutlosigkeit!)

Larch	= Verzweiflung aufgrund von Minderwertigkeitsgefühlen
Pine	= Verzweiflung aufgrund von grundloser Schuldsuche nur bei sich
Elm	= gelegentliche Verzweiflung aufgrund von Überforderung bzw. Überlastung
Sweet Chestnut	= Verzweiflung aufgrund völliger Erschöpfung aller Reserven
Star of Bethlehem	= Verzweiflung durch plötzliche belastende Umstände oder Nachrichten
Willow	= Verzweiflung aufgrund von Wehleidigkeit
Oak	= gelegentliche Verzweiflung aufgrund von zu großem persönlichen Einsatz
Crab Apple	= Verzweiflung aufgrund geistiger und/oder körperlicher Verunreinigung oder Vergiftung bzw. verzweifelter Versuch der verschiedenen Körper, sich zu reinigen

LARCH (19), Lärche

Dr. Bach: »Für solche, die sich für nicht so gut und tüchtig halten wie die Menschen ihrer Umgebung; die ständig erwarten zu versagen und meinen, daß sie niemals erfolgreich sein werden. Diese Menschen wagen nichts und machen auch keine wirklich kraftvollen Anstrengungen, um Erfolg zu haben.«

Zusätzliche Hinweise aus meiner Heilpraxis: Man fühlt sich verzagt, ausgelaugt und »schlaff«, weil Fehlschläge erwartet werden. Larch hilft, um (wieder) volles Selbstvertrauen zu erlangen; wir erkennen, daß wir ein Teil Gottes sind und deshalb göttlich und im Kern nicht angreifbar.

Heilgedanke: »Das Leben liebt und will mich so, wie ich mit seiner Energie und meiner Bemühung werden kann.«

PINE (24), Föhre
Dr. Bach: »Für Menschen, die die Schuld immer bei sich selber suchen, die selbst im Erfolg denken, daß sie noch besser hätten sein können, und die mit ihren Bemühungen oder den Ergebnissen nie zufrieden sind. Solche Menschen arbeiten hart und leiden viel unter Fehlern, welche sie sich selbst zuschreiben. Wenn manchmal ein Fehler passiert, der eindeutig von einem anderen verursacht wurde, übernehmen sie sogar dafür noch die Verantwortung.«

Zusätzliche Hinweise aus meiner Heilpraxis: Für Menschen, die häufig Schuldgefühle habe und glauben, Erwartungen nicht gerecht zu werden. Pine hilft uns, alte Blockaden zu lösen, festgefahrene Verhaltensmuster von Strafe und Schuld zu beseitigen und zu akzeptieren, daß wir geliebt werden.

Heilgedanke: »Ich ordne Fehler richtig ein. Ich lerne, mich auch am Unvollkommenen zu freuen.«

ELM (11), Ulme
Dr. Bach: »Für jene, die gute Arbeit leisten, ihrer Berufung treu folgen und hoffen, etwas Wichtiges zu vollbringen, das dem Wohl der Menschheit dient. Sie können aber bisweilen Zeiten der Niedergeschlagenheit erfahren, in denen sie meinen, daß die angestrebte Aufgabe zu schwierig und nicht mit menschlichen Kräften zu bewältigen sei.«

Zusätzliche Hinweise aus meiner Heilpraxis: Obwohl man sich stark und kräftig weiß, fühlt man sich zeitweise verzagt. Elm gibt uns die Lebensfreude, um weiterhin ein Segen für die Lebewesen auf der Erde zu sein.

Heilgedanke: »Ich höre auf meinen inneren Ruf und folge ihm.«

SWEET CHESTNUT (30), Edelkastanie
Dr. Bach: »Für Augenblicke, wenn die Verzweiflung unerträglich scheint; wenn Geist und Gemüt spüren, daß man bis zur äußersten Grenze der Belastbarkeit gegangen ist und jetzt daran zu zerbrechen droht; wenn es so aussieht, als ob man nichts als Zerstörung und Vernichtung zu erwarten hat.«

Zusätzliche Hinweise aus meiner Heilpraxis: Für Menschen, die – zumindest subjektiv – unter fast unerträglichen geistigen Qualen leiden. Sweet Chestnut hilft, bedrückte Seelen wiederaufzurichten, sich daran zu erinnern, daß wir nie tiefer als in die Hand Gottes fallen können; diese Bachblüte gibt den Mut, wieder zu vertrauen.
Heilgedanke: »Ich darf loslassen und mich von den kosmischen Energien tragen lassen.«

STAR OF BETHLEHEM (29), Goldiger Milchstern
Dr. Bach: »Für Menschen, die stark unter Umständen leiden, wodurch sie zeitweise sehr unglücklich werden. Dazu gehören Schock durch traurige Nachrichten, der Verlust eines lieben Menschen, die Angst nach einem Unfall etc. Jenen, die vorübergehend ablehnen, Trost zu empfangen, bringt dieses Mittel Linderung.«

Zusätzliche Hinweise aus meiner Heilpraxis: Das Heilmittel bei Schock, wenn die Lebenskraft nicht mehr ungehindert fließen kann – auf allen Ebenen. Star of Bethlehem läßt wieder den Zustand normaler Aktivität zu und wirkt harmonisierend und besänftigend auf allen Ebenen.

Heilgedanke: »Meine Seele findet Trost im inneren Licht.«

WILLOW (38), Weide
Dr. Bach: »Für die Menschen, die Anfeindungen oder Schicksalsschläge erleiden und diese schwer ohne Klagen und Verbitterung annehmen können, da sie das Leben hauptsächlich danach beurteilen, welche Erfolge es mit sich bringt. Sie finden, daß sie diese schweren Prüfungen nicht verdient haben, sie fühlen sich ungerecht behandelt und werden dabei verbittert. Oft sind sie weniger an jenen Dingen des Lebens interessiert, an denen sie früher Freude hatten, und nehmen daran auch weniger aktiv Anteil.«

Zusätzliche Hinweise aus meiner Heilpraxis: Diese Menschen fühlen sich vom Schicksal im Stich gelassen und erkennen (noch) nicht die karmischen Zusammenhänge und ihre Eigenverantwortung. Willow verhilft, den Egoismus zu erkennen, neuen starken Willen zu entwickeln und zu lernen, dankbar zu sein, um die Kraft zu haben, zielstrebig zu sein und schwierige Situationen zu überwinden.

Heilgedanke: »Ich sammle neue Kraft, um mein Leben bewußter und glücklicher zu führen.«

OAK (22), Eiche

Dr. Bach: »Für diejenigen, die sich anstrengen und sehr darum kämpfen, gesund zu werden; die sich im Alltag sehr anstrengen und kämpfen und eines nach dem anderen versuchen, obwohl ihr Fall hoffnungslos erscheinen mag. Sie fahren trotzdem fort zu kämpfen und sind mit sich selbst unzufrieden, wenn sie durch Krankheit in ihren Pflichten oder bei der Hilfe für andere behindert werden. Es handelt sich um tapfere Menschen, die gegen große Schwierigkeiten ankämpfen, ohne die Hoffnung zu verlieren oder in ihren Bemühungen nachzulassen.«

Zusätzliche Hinweise aus meiner Heilpraxis: Man kämpft immer wieder trotz aller Schwierigkeiten um Gesundheit und die Erfüllung der Ideale und merkt nicht, daß Kraft »nachgetankt« werden muß. Es besteht eine Abneigung, eigene Schwächen oder Niederlagen einzugestehen. Oak hilft uns, eigene Fehler zu erkennen und nicht gegen sie anzukämpfen, sondern sie abzulegen, zu vergessen und sich ganz auf die vorhandenen Stärken und Tugenden zu konzentrieren.

Heilgedanke: »In mir spüre ich Kraft und zugleich gelassene Heiterkeit.«

CRAB APPLE (10), *Holzapfel*

Dr. Bach: »Das ist das Reinigungs- und Entgiftungsmittel. Es ist für jene Menschen, die spüren, daß sie etwas Unreines an oder in sich haben. Oft ist das Unreine etwas scheinbar Unwichtiges; in anderen Fällen mag es sich um eine ernsthafte Krankheit handeln, die fast übersehen wird, weil man sich auf anderes konzentriert. Beide Charaktere sind ängstlich darum bemüht, sich von jener speziellen Sache zu befreien, die ihr Gemüt am stärksten in Anspruch nimmt und die ihrer Meinung nach auf jeden Fall geheilt werden muß. Sie neigen zur Verzweiflung, wenn eine Behandlung versagt. Als Reinigungsmittel kann dieses Mittel auch Wunden reinigen, falls der Patient Anlaß hat zu glauben, daß irgendein Gift in seinen Körper eingedrungen ist, das entfernt werden muß.

Zusätzliche Hinweise aus meiner Heilpraxis: Diese Menschen fühlen sich oft »unsauber«und spüren ein innerliches oder äußerliches Bedürfnis, sich zu reinigen; häufig unsichtbare Krankheitssymptome und Notwendigkeit, alte Schlacken auszuscheiden. Crab Apple läßt unseren Körper wieder frisch und klar werden, um unbeschwert und jugendlich strahlen zu können.

Heilgedanke: »Alles Dunkle, Schwere, Unreine atme ich aus. Ich atme Klarheit, Reinheit und Zuversicht ein.«

Ein Fall aus meiner Praxis

Eine selbstbewußt wirkende Frau, erfolgreich im Beruf, litt in regelmäßigen Abständen an Ischiasbeschwerden und großer Traurigkeit; speziell bei Vollmond stand sie völlig »daneben«. Ihre Menstruationsblutungen waren sehr stark. Sie hatte bereits zwei Fehlgeburten erlitten und eigentlich alles gut verkraftet und geistig angenommen. Trotzdem war in ihr immer noch, nach drei Jahren, große Trauer. Wenn sie bisher die schmerzhaften Ischiasanfälle erlebte, die ihren natürlichen Bewegungsdrang fast lähmten, halfen ihr Neuraltherapie und Vitamin B, oft sogar Schmerztabletten. Bei einem erneuten Besuch erhielt sie von mir Star of Bethlehem (Goldiger Milchstern), Crab Apple (Holzapfel) und Oak (Eiche). Sie mußte diese Mischung etliche Wochen einnehmen. Nach knapp einem Jahr sind keine Schmerzen mehr aufgetreten.

Zusätzlich wurde die Milz in Violett bestrahlt, und ich ließ sie täglich mehrere Gläser Wasser trinken, die mittels Farb-Energie-Set mit der Farbe Orange aufgeladen waren. Violett klärte und reinigte die Milz, und Orange vertrieb die Traurigkeit.

7. Wie übertriebene Fürsorge für andere durch Unterscheidungskraft vergeht

> »Die Heilpflanzen, die ich erwähnte, können in Verbindung mit jeder herkömmlichen Behandlungsweise eingesetzt werden, jeder Verordnung hinzugefügt werden, und sie werden die Behandlung in allen Fällen beschleunigen und unterstützen, seien es akute oder chronische Leiden, die somit erfolgreich behandelt werden.«
>
> *Dr. Edward Bach, Arzt und Philosoph*

Übertriebene Fürsorge kann mehrere Ursachen haben. Angst gehört auch dazu, nämlich Angst davor, daß man selbst einer Verantwortung gerecht werden müsse, die in Wirklichkeit aber einem anderen Menschen gehört.
Eine häufige Ursache ist ein Gefühl, das man wohlwollend als liebevolle Mütterlichkeit und weniger wohlwollend als erdrückendes Gluckenverhalten bezeichnen könnte.
Eine weitere Ursache ist die Überzeugung, daß man selbst spirituell weiter oder verstandesmäßig gebildeter oder gefühlsmäßig klarer sei als andere Menschen, oder gar alles zusammen, und ihnen deshalb »beistehen« müsse. Da spielt manchmal ein ausgesprochener Missionarsdrang eine Rolle sowie das bekannte »Helfersyndrom« – das in Partnerschaften zu eingebildeten gegenseitigen Abhängigkeitsverhältnissen führen kann –, manchmal auch echter Idealismus. Zum Idealismus gehört auch das Gefühl der übertriebenen Fürsorge, wenn das Motiv ist, Harmonie herstellen zu wollen oder zu sollen.
Oder man glaubt bzw. weiß, mehr und besser organisieren zu können, und will andere deshalb unter die Fittiche nehmen, man »managt« sozusagen andere. Die Heilung von übertriebener Fürsorge geschieht am besten durch die Entwicklung von Unterscheidungskraft: Was ist meine Lebensaufgabe, was die der anderen? Darin ist nichts Unsoziales, vielmehr die Anerkennung, daß die beste Hilfe darin besteht, indem man den Menschen hilft, sich selbst zu helfen. Und wenn auch diese Hilfe nicht freiwillig angenommen wird, so hat es – unter Erwachsenen – keinen Sinn, einem anderen Menschen Dinge, Verhaltensweisen, Erkenntnisse, Philosophien, Regeln oder dergleichen mehr gegen dessen Willen aufzuzwingen. Wir haben vielleicht in der Sache sogar recht, aber sicher nicht im »Timing«. Wir sind nicht die Oberrichter oder Obergötter

oder Obereltern, die entscheiden müssen oder auch nur dürfen, wann ein anderer Mensch was lernen, erwerben oder tun möchte.
Hier gilt es also, sich bescheiden zu lernen und die Achtung vor sich selbst und dem anderen dadurch zum Ausdruck zu bringen, daß wir dem LEBEN nicht »ins Handwerk pfuschen«. Alles hat seine eigene, rechte Zeit. Unterscheidungskraft ist eine Qualität der bewußten geistigen Klärung und Klarheit, die uns hilft, unser Leben aktiv, verantwortlich und dennoch nicht anmaßend zu führen.

Die Bachblüten der Gruppe »übertriebene Fürsorge – Unterscheidungskraft«

Bei den fünf Mitteln der Gruppe »Übertriebene Sorge um das Wohl anderer« stellte Dr. Bach folgende Merkmale in den Vordergrund:

Chicory	= übertriebene Fürsorge um andere, weil man sich selbst nicht genug ist
Vervain	= missionarisch begründete Überfürsorge; »Helfersyndrom«
Vine	= übertriebene Fürsorge einer autoritären Persönlichkeit mit der Meinung, andere sollten die gleichen Ziele haben
Beech	= übertriebene Fürsorge, um eigene Harmonieerwartungen zu erfüllen
Rock Water	= idealistisch begründete Überfürsorge mit einer Disziplin ohne Lebensfreude

CHICORY *(8)*, *Wegwarte*
Dr. Bach: »Für Menschen, die sehr auf die Bedürfnisse

anderer achten, dazu neigen, sich übertrieben um Kinder, Verwandte oder Freunde zu sorgen und immer irgend etwas zu finden, was zurechtgerückt werden muß. Ständig korrigieren sie etwas, was sie als falsch erachten, und haben Freude daran. Sie wünschen, daß jene, um die sie sich kümmern, um sie herum sind.«

Zusätzliche Hinweise aus meiner Heilpraxis: Diese Menschen machen sich unnötige Sorgen um andere, sie werden deshalb leicht erregt und nervös; Wunsch nach Beachtung. Chicory bringt Heiterkeit und Frieden. Indem wir unsere eigenen Interessen für den übertriebenen Dienst an der Menschheit aufgeben, beenden wir unsere eigenen Probleme und Leiden.

Heilgedanke: »Ich kann mich selbst lieben. Ich erkenne, daß sich jeder Mensch nach seinem individuellen Lebensplan entwickeln muß.«

VERVAIN (33), Eisenkraut
Dr. Bach: »Für Menschen mit festen Prinzipien und fixen Ideen, die sie für richtig halten und selten ändern. Sie hegen den großen Wunsch, ihre ganze Umgebung zu ihren Lebensanschauungen zu bekehren. Sie sind willensstark und legen viel Mut an den Tag, wenn sie von denjenigen Dingen, die sie anderen vermitteln wollen, überzeugt sind. Bei Krankheit arbeiten sie auch dann weiter, wenn andere ihre Pflichten längst aufgegeben haben.«

Zusätzliche Hinweise aus meiner Heilpraxis: Für Menschen, die übertrieben begeistert sind und erkennen, daß vieles falsch ist, die dabei aber angespannt und manchmal auch fanatisch sind. Vervain gibt die Kraft, große Ideale ohne Streß und Ungeduld und ohne viel Aufhebens zu verwirklichen.

Heilgedanke: »Energien fließen in mir. Ich halte mich offen für neue Impulse, die das Leben bringt.«

VINE (32), Weinrebe
Dr. Bach: »Für sehr tüchtige Menschen, die sich ihrer Fähigkeiten sicher sind und auf ihren Erfolg vertrauen. Aufgrund dieser Selbstsicherheit denken sie, daß es zum Besten ihrer Mitmenschen wäre, wenn diese sich von derselben Lebensart überzeugen ließen, wie sie sie haben oder für richtig halten. Selbst bei Krankheit werden sie ihren Pflegern Anweisungen geben. Diese Menschen können in Notfällen sehr wichtig und hilfreich sein.«

Zusätzliche Hinweise aus meiner Heilpraxis: Für zielbewußte und erfahrene Menschen, die davon überzeugt sind, daß auch alle anderen die gleichen Erfahrungen machen und sich gleich verhalten müßten. Vine verstärkte die Kraft der Liebe, die jedem die Freiheit schenkt, ohne zu klammern; das Fordernde wird in Großzügigkeit umgewandelt, und es wird noch mehr Liebe geerntet.

Heilgedanke: »Ich lerne zu unterscheiden, wann ich loslassen und wann ich anpacken muß.«

BEECH (3), Rotbuche
Dr. Bach: »Für jene, die das Bedürfnis spüren, mehr Gutes und mehr Schönheit in ihrer Umwelt zu sehen, und die,

obwohl vieles falsch oder schlecht erscheint, die Fähigkeit entwickeln möchten, das Gute im Inneren zu entdecken. Damit können sie toleranter, nachgiebiger und verständnisvoller dafür werden, daß jedes Individuum und alle Dinge auf ihre eigene Vollendung hinarbeiten.«

Anmerkung: Der englische Originaltext ist schwierig. Das hat manche Interpreten dazu verleitet, Beech als Mittel bei Intoleranz, Kritiksucht bzw. Urteilssucht zu empfehlen. Aufgrund vielfältiger eigener Praxiserfahrungen sowie der Zuordnung von Beech zu dieser Gruppe sieben können wir dem nicht zustimmen. Es geht schließlich darum, daß die hier von Edward Bach beschriebenen Menschen ja das Wohl anderer Menschen im Auge haben und nicht selbstsüchtige Motive. Siehe auch unten, »Ein Fall aus meiner Praxis«.

Zusätzliche Hinweise aus meiner Heilpraxis: Bei Neigung zu Kritik aus einem Gefühl der »Liebe« heraus. Beech läßt das Gute im Inneren heranwachsen, um toleranter und nachsichtiger zu werden.

Heilgedanke: »Jeder Mensch trägt Verantwortung für sein eigenes Leben. Ich lerne zu erfahren, was meine Verantwortung ist.«

ROCK WATER (27), Heilquellwasser

Dr. Bach: »Für Menschen, die in ihrer Lebensführung sehr strikt sind; die sich viele Freuden und Genüsse des Lebens versagen, weil sie meinen, daß diese ihre Arbeit stören könnten. Sie sind sich selbst strenge Meister. Sie möchten gesund, stark und attraktiv sein und werden alles tun, was ihnen dabei Hilfe verspricht. Sie hoffen, ein Beispiel für andere zu sein, die ihren Ideen folgen und daran wachsen sollen.«

Zusätzliche Hinweise aus meiner Heilpraxis: Wichtiges für die eigene Gesundheit wird verleugnet aufgrund strenger Ideale; man schränkt sich in der eigenen Lebensart sehr ein. Rock Water verhilft zu der Erkenntnis, daß alle Menschen auf ihre Weise zur Vollkommenheit gelangen müssen, ohne daß sie dabei unseren Vorstellungen entsprechen müssen.

Heilgedanke: »Die farbige Vielfalt des Lebens ist Ausdruck schöpferischer Freude. Ich lasse kreative Freude auch in mir fließen.«

Ein Fall aus meiner Praxis

Ein Mann kam wegen plötzlicher und heftiger Hüftschmerzen. Er konnte vor Schmerzen weder laufen noch bequem sitzen oder gar ruhig liegen. Durch diese Schlaflosigkeit war er sehr nervös und durch die Schmerzen extrem reizbar geworden. Die Schmerzen liefen entlang des Oberschenkels über die Wade bis zum Knöchel. Besonders nachts war es für ihn fast unerträglich.
Ihm wurde Vervain (Eisenkraut) gegeben wegen seiner Gereiztheit und Überspanntheit, außerdem erhielt er aufgrund des Heilblüten-Farbkarten-Tests Larch (Lärche), um ihm seine Zuversicht zurückzugeben, Mimulus (Gefleckte Gauklerblume), um seine Angst zu beseitigen, und Impatiens (Drüsentragendes Springkraut) wegen der entstandenen Ungeduld. Innerhalb von zehn Tagen waren die

Schmerzen im Oberschenkel und in der Hüfte verschwunden; er konnte wieder schlafen, aber die Wade und der Knöchel schmerzten noch.
Ein erneuter Test ergab, daß er jetzt Beech (Buche) und Chicory (Zichorie) nehmen mußte. Beech, weil er es gut meinte, auch wenn er überall kritisierte, und Chicory, weil er noch immer leicht gereizt war und beachtet werden wollte. Nach weiteren drei Wochen hatte er keine Beschwerden mehr.

Der Heilgedanke für das Erste-Hilfe-Mittel (First Aid Remedy) lautet: »Ich spüre, wie göttliche Kräfte helfen und führen.«

Teil II

Die sieben Heiler und die Farbtherapie

Bachblüten und Heilfarben

Durch Licht entsteht Leben

Erst durch Licht entsteht Leben. Durch die Brechung von vollständigem weißen und »ganzem« Licht entsteht Farbe. Erst durch Licht können Pflanzen die heilenden und schöpferischen Energien aus Sonne und Kosmos aufnehmen, umwandeln und weitergeben – zum Beispiel in Form von Bachblüten-Heilmitteln nach der Sonnentau- bzw. Sonnenscheinmethode.

Theo Gimbel, der deutsch-englische Farbforscher, dessen Vater noch mit Rudolf Steiner zusammengearbeitet hatte, führte im ZDF erstaunliche Experimente mit farbigem Licht und Pflanzen vor. Wenn Kresse von der Sonne beschienen wurde, entwickelte sie sich normal. Wenn sie mit rotem Licht bestrahlt wurde, wuchs sie schnell, verlor aber rasch an Kraft und schmeckte ausgelaugt. Wenn Kresse mit blauem Licht bestrahlt wird, so wächst sie deutlich langsamer, bleibt aber kräftig und schmeckt intensiver. Unter grünem Licht lösten sich die Kressepflanzen auf.

Pflanzen, Licht und Farbe stehen also in einem sehr engen Zusammenhang. Die Zusammenhänge zwischen Bachblüten und Farbtherapie hat die Autorin theoretisch und praktisch zusammen mit vielen Patienten und einigen anderen aufgeschlossenen Therapeuten erarbeitet, so daß sich beide Methoden nun gut ergänzen und verstärken lassen.

Beide Methoden sprechen den Menschen auf feinen Schwingungsebenen an. Und beide Therapien sind völlig natürlich und naturgewollt. Den dogmatischen Vertretern einer »reinen« angeblichen Bachlehre, die nur und immer und allein mit Bachblüten glauben heilen zu können, muß man die Worte von Edward Bach selbst entgegenhalten:

> »Die ... Pflicht des Arztes wird es sein, mit solchen Mitteln zu behandeln, die dem physischen Körper helfen, Stärke zu erlangen, und das Gemüt unterstützen, ruhig zu werden ... Solche Heilmittel gibt es in der Natur ... Einige wenige dieser Heilmittel sind bekannt, und mehr davon werden gegenwärtig ... in verschiedenen Teilen der Welt gesucht und erforscht ... und es gibt keinen Zweifel, daß, wenn sich derartige Forschungen weiterentwickelt haben werden, wir viel von dem Wissen zurückgewinnen, das vor mehr als 2000 Jahren bekannt war – und der Heiler der Zukunft wird die wundervollen natürlichen Mittel zu seiner Verfügung haben, die nach dem göttlichen Willen für den Menschen geschaffen wurden, um ihn von seiner Krankheit zu erlösen.« (Aus *Heile dich selbst.*)

Zusätzlich zur Farbbestrahlung haben sich auch die Bachblüten-Farbkarten für die Diagnose in der Naturheilpraxis gut bewährt. Damit lassen sich bei weniger kommunikativen Menschen oder Kindern, die sich noch nicht so gut verbal ausdrücken können, rasch und zuverlässig die erforderlichen Bachblüten und Farbtherapieansätze ermitteln. Mehr zu diesen Heilblüten-Farbkarten finden Sie ab Seite 192.

Menschen sind Schwingungen – richtige Schwingungen heilen

Alles im Leben und in der Schöpfung wird von Energieschwingungen geschaffen und durchdrungen. Über Schwingungen spiritueller, seelischer, feinstofflicher, emotionaler und physikalischer Art steht alles in der Schöpfung direkt oder indirekt miteinander in Verbindung. Jeder Mensch, jedes Tier, jede Pflanze, jedes Sandkorn, jeder Stern besitzen eine eigene, veränderliche Schwingung. Alle Formen von Naturkräften und Strahlungen – Licht, Wärme, Farben, Elektrizität, Magnetismus, aber auch Liebe (und Haß) und sogar alle Gedanken, Gefühle und »Informationen« – sind Schwingungen. Die Wirksamkeit unsichtbarer und nicht greifbarer Schwingungen wird am Beispiel von Musik besonders deutlich, die uns zum Lachen oder Weinen, zur Beschwingtheit oder bei Kriegsmusik sogar zu vermeintlichen Heldentaten anspornen kann. Und Musik, wie man inzwischen weiß, heilt auch unmittelbar.

»Krankheit« ist eine disharmonische Schwingung, welche die äußerlichste, körperlichste, materiellste Form von Disharmonie und Dissonanz im Menschen darstellt, die aber nicht die Ursache von Leiden ist, sondern bereits die sichtbare Folge! Wenn sich eine »Krankheit« bereits im Gemüt und im Körper niederschlägt, heißt das, daß ihre Ursachen längst vorher im Menschen wirkten, ohne rechtzeitig bemerkt worden zu sein. Wenn wir potentiell krankmachende Disharmonien und Dissonanzen (also »Krankheitsursachen«) frühzeitig erkennen, bevor sie sich in unserem Körper manifestieren, können wir ihr akutes Ausbrechen durch eine entsprechende Harmonisierung auch frühzeitig verhindern. Anders gesagt: Wenn sich gesundheitsschädliche Schwingungen in uns aufbauen und wir dies rechtzeitig erkennen, können wir durch positive Schwingungen unliebsame Wirkungen und Folgen schon im Ansatz verhindern.

Zur (Selbst-)Therapie mit Bachblüten

Dr. Edward Bach führte (fast) alle Krankheiten auf irgendeine Disharmonie zwischen Seele bzw. Selbst und Persönlichkeit bzw. Ego zurück. Wenn unsere Persönlichkeit den Kontakt zur eigenen Seele und deren Führung verliert, geraten wir auf einen Ego-Kurs, der zwangsläufig früher oder später zu körperlich manifestierten Dissonanzen = »Krankheiten« führt.

Dr. Bach hat sieben Hauptgruppen von Schwingungsdisharmonien unseres Gemüts festgestellt, die nach seiner Ansicht als Hauptursachen für praktisch alle Krankheiten gelten. Innerhalb dieser sieben Gruppen gibt es 38 »Bachblüten«, die jeweils auf besondere Weise das Verhältnis zwischen Ich und Selbst, zwischen Gemüt und Seele harmonisieren können.

Die Wirkung der Bachblüten (und ähnlicher Mittel) beruht auf der Informationsübermittlung von bestimmten Schwingungen und schöpferischen Lebenskräften von Blüten und Pflanzen, in denen sich göttliche Kräfte ausdrücken, auf Seele, Gemüt und Zellen unseres menschlichen Körpers – auch dann, wenn wir nicht daran glauben. Bekanntlich wirken bei den Bachblütenmitteln nicht etwa vorhandene materielle Wirkstoffe, sondern die durch die Sonne (oder die Kochwärme) von Blüten und Pflanzen auf Wasser übertragene Energie.

Die Bachblütentherapie ist also im besten Sinne eine

Schwingungstherapie, da sie nicht über grobstofflich-materielle Substanzen wirkt, sondern nur über Schwingungen. Noch feinstofflicher ist die Farbtherapie.

Grundlagen der Farbtherapie

Farbtherapie wirkt zwar sowohl spirituell-geistig wie auch seelisch-gemüthaft, aber eben auch direkt körperlich (zum Beispiel sogar bei Tumoren!). Farbtherapie macht sich die kosmische bzw. schöpferische Urkraft zunutze in Form von Lichtschwingungen, die entweder das ganze Spektrum beinhalten mit einem »Vollspektrum-Weiß« oder einen Ausschnitt des Spektrums mit spezifisch wirksamen Farbschwingungen.

Farbtherapie ist besonders wirksam, wenn sie mit strahlenden Lichtquellen durchgeführt wird (zum Beispiel mit Farblampen bzw. Farbhandlampen); diese Wirkung kann durch die inzwischen allgemein anerkannte Pyramidenkraft enorm verstärkt werden, wenn man farbiges Licht durch einen Quarzpyramidenvorsatz in seiner Wirkung intensiviert.

Die Wirksamkeit von Farbtherapie als Teil einer natürlichen und sanften Heilweise ist seit Jahrtausenden bekannt!

Zusammenwirken von Bachblüten und Farbtherapie

Bei fast allen Krankheitszuständen von Patienten, die von Heilpraktikern/-innen behandelt werden, kommt nicht ein einziges »Allheilmittel« in Frage, sondern eine sinnvolle Kombination von Methoden. Das beginnt bei der

Diagnose, die auf vielfältige Weise ein möglichst genaues und komplexes Bild von Symptomen und vor allem Ursachen der Krankheitszustände zu gewinnen sucht, und geht selbstverständlich weiter bei den Therapievorschlägen. Nach meinen persönlichen Erfahrungen sind folgende Kombinationen fast immer sinnvoll:

- Basistherapie mit spezifischen Mitteln gemäß den Erkenntnissen der klassischen Homöopathie,
- Überprüfung und Harmonisierung der Gefühle und Gedanken,
- Überprüfung und Harmonisierung der körperlichen Lebensweise, einschließlich Ernährungsvorschlägen,
- Unterstützung von Heilungsgeschehen durch Zellsalze etc.,
- Ausgleich des Gemüts mit Hilfe von Bachblüten,
- Heilung auf gleichzeitig praktisch allen Ebenen durch Farbtherapie sowie Aktivierung der eigenen Selbstheilungskräfte.

Es gibt wichtige Entsprechungen zwischen den sieben Bachgruppen und bestimmten Heilfarben. Bachblüten und Farbtherapie ergänzen sich – in beiden Fällen beruht die Heilwirkung auf der Wirksamkeit ihrer jeweiligen Schwingungen. Es geht bei jeder Kombination von Naturheilweisen darum, die Schwingungsqualitäten so aufeinander abzustimmen, daß sie sich nicht gegenseitig aufheben oder gar stören.

Es wäre einleuchtend, wenn zu jeder der sieben Bachblüten-Hauptgruppen auch jeweils eine von sieben Farben gehörte. Die Entsprechung zu den sieben wichtigen Chakren, den sieben Strahlen, den sieben Gestirnen der antiken Astrologie usw. liegt nahe. Die Praxis erbringt aber ein etwas differenzierteres Bild, wie wir noch sehen werden.

Entsprechungen zwischen Bachblüten und Heilfarben

Folgende Entsprechungen zwischen den Schwingungen bestimmter Bachgruppen und Heilfarben bei der direkten Farbtherapie körperlicher Beschwerden und körperlich manifestierter Krankheiten konnten festgestellt werden:

Gruppe 1, »Angst – Urvertrauen« = Heilfarbe Gelb
Gruppe 2, »Unsicherheit – Selbstvertrauen« = Heilfarben Rot und Grün
Gruppe 3, »Mangelndes Gegenwartsinteresse – aktive Teilnahme« = Heilfarben Gelb oder Türkis
Gruppe 4, »Einsamkeit – Einssein« = Heilfarben Grün und Rot bzw. Rosa
Gruppe 5, »Überempfindlichkeit auf Einflüsse – Hören auf die innere Führung« = Heilfarbe Blau und Orange
Gruppe 6, »Mutlosigkeit und Verzweiflung – Dankbarkeit« = Heilfarben Orange und Violett
Gruppe 7, »Übertriebene Fürsorge – Unterscheidungskraft« = Heilfarbe Grün

In der Gruppe 3, »Mangelndes Gegenwartsinteresse«, tauchen zwei Heilfarben für die Farbtherapie auf, Gelb und Türkis. Gelb ist angezeigt bei jenen Gemütsproblemen, die sich auf die Vergangenheit beziehen, Türkis bei Gemütsproblemen mit der Gegenwart.
Crab Apple mit der Heilfarbe Violett fiel schon bei Dr. Bach etwas aus der üblichen Gruppeneinteilung heraus, als auch er diese Blüten vor allem als generell wirksames Reinigungsmittel erkannte. Violett ist in der Farbtherapie bekanntlich die Reinigungsfarbe par excellence.
In besonderen Fällen hat sich die jeweilige Komplemen-

tärfarbe bei der Farbtherapie bewährt, vor allem dann, wenn sie genau gegenüber der jeweils primär indizierten Stelle bzw. Punkt bestrahlt wird, deshalb die paarweise Nennung bei Rot/Grün, Grün/Rot und Blau/Orange. (Detaillierter werden die Anwendungen von Farbtherapie als Alleinmittel in den Büchern *Die richtige Schwingung heilt* und *Die Farben deiner Seele* beschrieben; siehe Literaturverzeichnis.

Die Meditationsfarben

Die Meditationsfarben für die körperliche, emotional-mentale und die spirituelle Harmonisierung unterscheiden sich insofern von den allgemeinen Therapiefarben, weil sie nicht bestrahlt, sondern geistig visualisiert werden.
Zudem beziehen sich die Meditationsheilfarben vor allem auf (noch) nicht körperlich als Krankheitssymptome manifestierte Disharmonien und Dissonanzen, die zu Gesundheitsstörungen führen können.
Die Meditation mit diesen Heilfarben wird allerdings auch bei bereits akuten Krankheitszuständen eine Beruhigung, Harmonisierung und somit heilsame Wirkung für die Gesundung des betreffenden Menschen ausüben.
Die Meditationsfarben, die in ihrer Schwingung den Energien der Bachblüten harmonisch entsprechen sind:

Gruppe 1: Violett, Blau, Weiß und Gold
Gruppe 2: Türkis, Blau, Gold-Grün
Gruppe 3: Grün, Gold, Gold und Weiß
Gruppe 4: Grün, Türkis, Rosa
Gruppe 5: Rosa, Violett, Weiß und Gold
Gruppe 6: Rosa, Gold-Grün, Weiß

Gruppe 7: Türkis, Weiß, Gold
First Aid Remedy: Violett, Weiß, Gold

Zuerst wird oben jeweils die körperlich harmonisierende Meditationsfarbe genannt, dann die emotional wirksame und an dritter Stelle die spirituell öffnende Meditationsfarbe.
Komplementär dazu gehören die Heilgedanken oder »Affirmationen« für die Meditation, die das positiv ausdrücken, was Dr. Bach in seiner Beschreibung eines Gemütszustands jeweils negativ gekennzeichnet hatte. Diese Heilgedanken sind in den Kapiteln ab Seite 46 bei den einzelnen Bachblüten aufgeführt worden.

Praxisbeispiele zur Bachblüte »Beech«

Nun zu einem praktischen Beispiel, das ich anhand der manchmal mißverstandenen Blüte Beech (3), Rotbuche, ausführen möchte. Zunächst einmal der Originaltext von Dr. Bach selbst in einer wort- und sinngetreuen deutschen Übersetzung:

> »Für jene, die das Bedürfnis verspüren, mehr Gutes und mehr Schönheit in ihrer Umwelt zu sehen, und die, obwohl vieles falsch bzw. schlecht erscheint, die Fähigkeit entwickeln möchten, das Gute im Inneren zu entdecken. Damit können sie toleranter, nachgiebiger und verständnisvoller dafür werden, daß jedes Individuum und alle Dinge auf ihre eigene Vollendung hinarbeiten.«

Inzwischen sind manche willkürliche Deutungen in Umlauf gebracht worden, zum Beispiel Beech als Entsprechung

für Intoleranz, Kritiksucht bzw. Urteilssucht. So kryptisch-rätselhaft der Urtext von Dr. Bach auch sein mag, so scheinen mir derartige Interpretationen davon allerdings keinesfalls abgedeckt zu sein.
Immerhin wird das Mittel ja in der siebten Gruppe, also jener aufgeführt, die von Dr. Bach mit »Bei übertriebener Sorge um das Wohl anderer« bezeichnet wurde. Mindestens daraus sollte auch für Menschen mit weniger oder keiner eigenen Heilpraxis hervorgehen, daß es sich hierbei also um Menschen handelt, die vor allem das Wohlergehen anderer im Auge haben, nicht aber vorrangig egoistisch intolerant bzw. kritiksüchtig sind. Kommen wir nun aber zu der Entsprechung zwischen der Bachblüte Beech und jenen Heilfarben, die körperlich, gemüthaft sowie spirituell harmonisierend wirken. Dabei unterstützen und verstärken sich die heilsamen Schwingungen der beiden Therapien gegenseitig.
Beech gehört also zur Gruppe sieben, »Übertriebene Sorge um das Wohl anderer«. Da derartige Gefühlsbewegungen und Gedankenkräfte aus dem Bereich des Solarplexus kommen, brauchen wir zum Harmonisieren die Heilfarbe Grün, die hier als »Leitfarbe« dient. Diese Heilfarbe, am besten verstärkt durch eine echte glasklare Quarzpyramide, wird sowohl vorn im Bereich des Solarplexus als auch auf den Rücken (!) gestrahlt, und zwar spiegelbildlich gegenüber dem Bereich des Solarplexus. Grün wird im Falle, daß Beech als Bachblüte angezeigt ist, das bewegte Gemüt neutraler werden lassen, nicht etwa unempfindsam.
Als zusätzliche gezielte Chakrabestrahlung wäre im Einzelfall an Türkis zum Kehlkopf und Indigo zur Hypophyse zu denken, damit einerseits der Realitätssinn und die gedankliche Klarheit (Türkis am Kommunikationschakra) gestärkt werden und andererseits die innere Gelöstheit und

die Öffnung für einen überpersönlichen Willen (Indigo am dritten Auge).

Als Meditationsfarben gelten Türkis für Klarheit in der Kommunikation nach außen, Weiß für emotionale und mentale Vorurteilslosigkeit und Befreiung vom Ego, so daß man zwischen eigenem Elan für eine gute Sache und den wirklichen Bedürfnissen des anderes Menschen unterscheiden kann, und Gold für spirituelle Öffnung und ein neues Urvertrauen in die Vollkommenheit kosmischer Gesetzmäßigkeiten, die nicht nur uns, sondern auch alle anderen Menschen führten.

Die passende Affirmation lautet: »Jeder Mensch trägt Verantwortung für sein eigenes Leben. Ich lerne zu erfahren, was meine Verantwortung ist.«

Ein Therapiebeispiel aus meiner Praxis: Ein Familienvater klagte über einen nervösen Magen. Er zog für sich die Karte Beech.

Es stellte sich heraus, daß er sich immer aufregte, wenn es um die Berufswahl seiner Tochter ging. Er wollte von seiner Seite her »das Beste« für die Tochter. Sie entschied sich – gegen den Willen ihres Vaters – nach ihren eigenen Vorstellungen.

Er nahm Beech und wurde mehrmals intensiv mit Grün im Solarplexusbereich bestrahlt und kurzzeitig mit Türkis am Kehlkopf. Dazu setzte er sich immer wieder hin und bemühte sich, mit der Affirmation sowie mit der Meditationsfarbe Weiß zu meditieren. Nach einiger Zeit konnte er erkennen, daß es wichtig für seine Tochter war, ein Stück ihres Lebenswegs selbst zu bestimmen und Entscheidungen in die eigene Hand zu nehmen. Die Magenbeschwerden lösten sich.

Wichtig ist der Hinweis, daß wir sowohl von der Farbe zur Bachblüte gelangen wie auch umgekehrt vorgehen kön-

nen! Die Bachblüten-Farbkarten, die neuerdings »Heilblüten-Farbkarten« heißen müssen, sind dazu als Hilfe geeignet.
Ich würde mich freuen, wenn das Gespräch und der Informationsaustausch zwischen fachlich versierten Heilpraktikern/-innen und selbstverständlich auch interessierten Patienten/-innen über Erfahrungen mit solchermaßen kombinierten Naturheilverfahren intensiver und fruchtbarer würde – zum Wohle unser aller Gesundheit!

Zur allgemeinen Bedeutung der wichtigsten Farben

Rot

Rot ist die wärmste Farbe, Scharlachrot ist die kräftigste Farbe. Rot bedeutet körperliches Leben. Rot ist die Farbe unseres Blutes. Rot gilt im Volksmund als Farbe der Liebe.

Rot ist gut:
- für mehr Vitalität und Aktivität,
- um den Körper zu stärken und mehr körperliche Kraft für das Selbstwertgefühl zu haben,
- für mehr Erfolg in Erotik und Sexualität,
- zur Stärkung der Liebeskräfte,
- wenn wir als Heiler/-in arbeiten, um genügend Kraft zur Verfügung zu haben,
- für alles, was vermehrt Energie braucht.

Zuviel Rot:
- macht aggressiv, kämpferisch, streitlustig und ärgerlich,
- macht schlaflos und kann zu Verstopfung führen,
- überreizt den Organismus, fördert Entzündungsprozesse,
- macht in vielerlei Beziehung gierig oder süchtig.

Orange

Orange ist die tatkräftigste Farbe. Orange bedeutet Expansion und Extravertiertheit. Orange hat Signalwirkung. Es steht für warme, offene Heiterkeit. Orange ist die wichtigste Heilfarbe bei Melancholie.

Orange ist gut:
- um die seelische Kraft zu haben, das Selbstwertgefühl zu stärken,
- wenn wir Entscheidungen fällen sollen,
- um eine neue Stellung zu übernehmen,
- um ein neues Haus zu bauen,
- zur Stärkung des Reaktionsvermögens,
- für mehr Lebendigkeit,
- um die Lust am Lernen zu fördern.

Zuviel Orange:
- kann das Verlangen nach Essen und Sexualität übersteigern,
- führt zu Verwirrung und Ziellosigkeit,
- bewirkt übersteigerte Besitzwünsche.

Gelb

Gelb ist heiter und hell. Es steht für einen wachen Verstand und die Fähigkeit zur Analyse sowie für Kommunikation, Beweglichkeit und Austausch. Gelb ist auch die Farbe des reifen Korns und der Reife schlechthin.

Gelb ist gut:
- für Mut, Wissen und Intellekt,
- wenn man auf der Suche nach der Wahrheit ist,
- um Gedanken zu ordnen und sich besser konzentrieren zu können,
- für Pädagogen und Eltern, um Gedankengänge anderer Menschen zu stimulieren,
- zur Stärkung der mentalen Kreativität.

Zuviel Gelb:
- fördert Tendenzen zu Neid und Eifersucht,
- führt zur Neigung, mehr aufnehmen zu wollen, als man verarbeiten kann,
- übersteigert Wünsche nach Anerkennung.

Lemon

Lemon ist Gelbgrün, die Farbe einer reifen Limone. Lemon regt die Thymusdrüse an und wirkt damit auch positiv auf das Immunsystem. Lemon ist die Heilfarbe, um chronische Beschwerden zu lösen. Geistig betrachtet löst Lemon Blockaden und hilft, Stagnation zu überwinden – es bewegt etwas.

Lemon ist gut:
- für das Wachstum,
- für ein vitales Gefühlsleben,
- für die Erweiterung des Ich-Gefühls,
- für sanfte, verständnisvolle Gefühle,
- um mehr Glücksgefühle empfangen und empfinden zu können,
- für mehr Geduld und Ausdauer,
- um Altes loszulassen.

Zuviel Lemon:
- kann den Organismus und den Emotionalkörper überlasten oder überreizen aufgrund der dadurch bewirkten zu starken Ausscheidungs- bzw. Ablösungsvorgänge.

Grün

Grün ist die ausgleichendste und beruhigendste Farbe. Grün bedeutet irdisches Wachstum und steht für die struktur- und substanzgebenden Kräfte der Natur. Grün symbolisiert Hoffnung und Zufriedenheit. Es ist die wichtigste Heilfarbe.

Grün ist gut:
- für die Seele der Erde, gerade in einer zunehmen technisierten Welt,
- als Schutz gegen unerwünschte Einflüsse von außen, sei es anderer Menschen oder aus anderen Dimensionen,
- zur geistigen und psychosomatischen Neutralisierung angesichts von Problemen (unter anderem beim bzw. nach dem sexuellen Austausch ohne Liebe),
- zur seelischen Ausgewogenheit,
- um zerstreute Energien zu sammeln und zu harmonisieren, vor allem bei Erschöpfung.

Zuviel Grün:
- führt unter Umständen zur Übersteigerung materieller Interessen,
- kann zur »Neutralisierung« nicht gelöster Gefühlsprobleme führen, die dann immer wieder in anderer Form auftauchen.

Türkis

Türkis ist eine erfrischende und kühlende Farbe. Türkis gilt als Farbe des klaren schöpferischen Ausdrucks und der Gestaltungskraft. Türkis symbolisiert (neben Weiß) die Wahrheit.

Türkis ist gut:
- um Verstand und Gefühle in Einklang zu bringen,
- um das Wahrnehmungsvermögen zu klären und zu stärken,
- um schnell und folgerichtig logische Zusammenhänge zu erkennen,
- um ein schöpferisches Ausdrucksvermögen zu fördern,
- um die sprachliche Mitteilungsfähigkeit der Seele zu unterstützen,
- um sich zu beruhigen.

Zuviel Türkis:
- führt eventuell zu einer zu großen inneren Distanz zum Leben,
- kann die Kommunikationsfähigkeit »auf Eis« legen.

Blau

Blau (als Indigoblau) ist die kühlste, reinste und tiefste Farbe. Blau entspricht Reserviertheit und Introvertiertheit. Blau steht für das Überbewußte und für seelische Tiefe. Blau symbolisiert Treue.

Blau ist gut:
- um sich auf die innere Stimme und die innere Wahrnehmung besser konzentrieren zu können,
- um die eventuell vorhandene Gabe des »Zweiten Gesichts« zu unterstützen,
- um sich in charakterlicher Rechtschaffenheit zu üben und seelische Reinheit zu fördern,
- zur Verstärkung des Energieflusses zwischen Bewußtsein und Unter- bzw. Überbewußtsein,
- um zu lernen, sich inner- und äußerlich zu distanzieren,

– um sich stark zu beruhigen.

Zuviel Blau:
- fördert irdischen Realitätsverlust,
- verlangsamt und behindert unter Umständen die Gedankentätigkeit,
- kann Alpträume bewirken.

Violett

Violett ist eine stark künstlerische und metaphysische Farbe. Violett ist auch die Farbe von Alchemie und Magie. Violett ist die Farbe mit der kürzesten = höchsten Wellenfrequenz im sichtbaren Lichtspektrum. Sie gilt als Farbe der kosmischen Energie, der Inspiration und spirituellen Erfahrungen.

Violett ist gut:
- für die Reinigung und damit Heilung auf der körperlichen, der emotionalen und der mentalen Ebene (analog Crab Apple bei den Bachblüten),
- um unseren Emotionalkörper und unseren Mentalkörper zu reinigen,
- um nach einer Reinigung (auch nach einer Fastenkur oder spirituellen Workshops) alle Körper- und Aurahüllen in harmonischen Einklang zu bringen,
- um neue Wege zur Spiritualität zu finden und unsere spirituelle Intuition bzw. Öffnung nach oben zu fördern.

Zuviel Violett:
- kann zu geistiger und spiritueller Verwirrung führen,
- kann zu Depressionen und Lebensentfremdung führen.

Rosa

Rosa ist die Farbe der Herzensliebe und hilft dem Herzen, den Gefühlen Ausdruck zu verleihen. Rosa verbindet die Reinheit von Weiß mit der Kraft von Rot. Rosa ist die Farbe der Nächstenliebe. Rosa ist die »höhere Oktave« von Rot – hier werden die instinkthaften Triebkräfte transformiert.

Rosa ist gut:

- wenn Sie Lärm und Menschenansammlungen als schmerzhaft bzw. aufdringlich empfinden,
- wenn wir einfühlsamer und liebevoller sein wollen,
- wenn wir mehr Nächstenliebe und Fürsorglichkeit entwickeln wollen,
- wenn wir einem Partner mehr Herzenswärme geben wollen.

Zuviel Rosa:

- unterstützt bereits vorhandene Neigungen zu Schwärmerei und Gefühlsseligkeit.

Magenta

Magenta ist sowohl Yin wie auch Yang. Es ist eine Farbe, die spirituell und physisch hochwirksam ist. Spirituell wirkt sie vor allem auf astralen Ebenen und damit auf die Chakren und die Aura, also den Lichtkörper. Magenta öffnet und gleicht disharmonische Schwingungen wieder aus. Physisch wirkt Magenta wie ein Notfallmittel, das allerdings gezielt eingesetzt werden muß.

Magenta ist gut:

- um bereits vorhandene mediale und übersinnliche Ener-

gien zu verstärken (nicht also, um diese Kräfte erst zu entwickeln, siehe Blau),
- um in Notfällen schnell und wirksam helfen zu können (etwa analog dem Notfallmittel der Bachblüten),
- um emotionale Ausbrüche auszugleichen.

Zuviel Magenta:
- kann allgemein überreizen, sowohl körperlich wie auch emotional und sogar spirituell.

Braun

Braun ist die Farbe der Erde, und damit der irdischen Geborgenheit. Die braune Erde dient als Boden, in dem sich schöpferische Kräfte entfalten können. Braun ist die Farbe der Anpassung und Einordnung. Heilmoor und Heilerde sind braun, aber auch unser Stuhl. Braun hat mit dem Austausch mit der Erde zu tun. (Die Farbe Braun ist nicht gut, wenn sie in den Chakren oder der Aura auftaucht!)

Braun ist gut:
- wenn man sich fest verankern möchte,
- wenn man irdische Geborgenheit sucht,
- zum Schutz,
- wenn man eine »Auszeit« in zu stürmischen Entwicklungszeiten braucht.

Zuviel Braun:
- hemmt die seelisch-spirituelle Entfaltung,
- hemmt die psychosomatische Entwicklung.

Grau

Grau ist die indifferenteste Farbe. Grau scheint neutral zu sein, ist in Wirklichkeit aber nichtssagend bzw. vom Leben abgewandt. (Die Farbe Grau ist nicht gut, wenn sie in den Chakren oder der Aura auftaucht!)

Grau ist gut:
- um nicht aufzufallen,
- um einen unerwünschten Energieaustausch zu vermeiden.

Zuviel Grau:
- führt zur Schwächung des Selbstwerts,
- führt zu einer sorgenvollen, ängstlichen Lebenseinstellung.

Schwarz

Schwarz ist Dunkelheit. Schwarz absorbiert alle Farben. Schwarz bedeutet (vorübergehenden) Lebensstillstand. (Die Farbe Schwarz ist nicht gut, wenn sie in den Chakren oder der Aura auftaucht!)

Schwarz ist gut:
- um Energien anzuziehen und zu absorbieren, ohne selbst Energien abzugeben,
- um sich von allen Einflüssen (fremden, äußeren und eigenen, inneren) vorübergehend völlig abzuschirmen,
- wenn man unter extremen Erschöpfungszuständen und psychosomatischer Überreizung leidet, um wirklich zeitweise völlig abschalten zu können.

Zuviel Schwarz:
- zieht negative Schwingungen und Einflüsse an,
- führt zur Lebensverneinung, zum Chaos und zur Zerstörung.

Weiß

Weiß ist Klarheit, Reinheit und Erleuchtung. Weiß beinhaltet alle Farben. Weiß steht für Unschuld, Wahrheit und Unberührtheit von der Welt. Weiß taucht oft in der fortgeschrittenen Meditation auf. Weiß steht symbolisch für den Weg und die Bemühung um Vollkommenheit. Kristalle und vor allem Diamanten nehmen Sonnenlicht und andere Schwingungen auf unnachahmliche und intensive Weise auf und strahlen sie ab. Hier gewinnt Weiß als reiches Lichtspektrum eine ganz besondere Qualität.

Weiß ist gut:
- zur Klärung und für das Streben nach Vollkommenheit,
- um sich dem Lichte zu öffnen und mehr Licht aufzunehmen,
- um Licht auszustrahlen,
- zur allgemeinen Heilung.

Zuviel Weiß:
- kann zu heftigen Reaktionen und Überreizungen aufgrund von zu heftigen Klärungsprozessen führen,
- in der Kleidung kann unter Umständen Ausdruck einer übersteigerten spirituellen Selbstdarstellung sein.

Silber

Silber ist (wie Gold) eines der wichtigen edlen Metalle. Silber als Lichtfarbe gibt es nicht. Irisierendes Licht wie Sonnenreflexionen von Perlmutt kämen Silber am nächsten. Mondlicht, das sich im Wasser spiegelt, wird als silbriges Licht empfunden. In diesem Zusammenhang taucht als Entsprechung oft der Begriff »Sehnsucht« auf. Sonnenstrahlen, die von geputztem Silberschmuck reflektieren (Silber neigt, anders als Gold, dazu, »schwarz« zu werden, wenn man es nicht pflegt), vermitteln Gefühle von blitzender klarer Kraft. Menschen mit Vorliebe für Silberschmuck tendieren dazu, gefühlsmäßig eher vorsichtiger, überlegter und distanzierter zu sein als Menschen, die Goldschmuck bevorzugen.

Silber ist gut:
- als Ausdruck eines innerlich distanziert-überlegenen Selbstwertgefühls,
- zur Anregung der Öffnung für mediale Fähigkeiten,
- um eine lebhafte Rede zu fördern,
- als Symbol der Mondkraft und der Zyklen des Mondes,
- um Energien abzuleiten.

Zuviel Silber:
- kann zu Allergien führen,
- kann zu Redseligkeit und Verlust der Wahrheitsnähe führen.

Gold

Praktisch alle Menschen sehnen sich nach Gold – als edlem Metall, als Schmuck, als Sicherheit, als Sonnenwärme, als Lebenszuversicht, als Symbol göttlicher Kräfte der

Güte und Barmherzigkeit, der Heilung von Leiden und der spirituellen Erleuchtung und Erlösung.

Gold ist gut:
- um Lebenskräfte und Selbstwert zu stärken,
- um ein Gefühl für unzerstörbare Werte zu entwickeln,
- um spirituelle Entwicklungen zu fördern,
- um sich für kosmische, göttliche Bereiche zu öffnen.

Zuviel Gold:
- kann Lebensunsicherheit verdecken,
- kann bedeuten, daß man versucht, die Sehnsucht nach Vollkommenheit im Materiellen zu verwirklichen.

Die sieben Bachgruppen und die sieben »Grundfarben«

Farbe wirkt unabhängig davon, ob Sie daran glauben oder nicht – das gilt übrigens auch für Homöopathie, Akupunktur, Zellsalze und Bachblüten!
Farbbestrahlung wirkt unmittelbarer als Farbanwendung über Kleidungsstücke, Nahrungsmittel oder Einrichtungsgegenstände. Die Farbbestrahlung sollte immer direkt, bzw. über der Haut erfolgen, ohne Kleidungsstücke zwischen Farblichtquelle und Haut. Bei offenen Wunden oder schmerzhaften Körperstellen bestrahlt man über der Haut, nicht direkt darauf. Anderenfalls sind Farbpunktbestrahlung oder Farbakupunktur ratsam, weil sie besonders wirksam sind. In manchen Fällen wird man auch Ganzkörperbestrahlung wählen bzw. die Farblichtaufnahme nur über die Augen oder die Farbe über ein Glas Wasser aufnehmen, das auf dem Farb-Energie-Set steht (Seite 227).

Bachblüten und Heilfarben

Dr. Edward Bach hatte zunächst zwölf Blüten als die »Zwölf Heiler« bezeichnet. Danach entdeckte er weitere Blüten, die er in sieben Gruppen zusammenfaßte. Diese wohlüberlegte Einordnung in sieben Gruppen wird heute von manchen Heilern/-innen leider übersehen. Es läge nahe, wenn man nur nach Farbentsprechungen sucht, entweder nach zwölf oder sieben Hauptfarben zu suchen. Und in der Tat sind es sieben Heilfarben, denen die Bachblüten entsprechen, aber nicht ohne gewisse »Überlappungen«. Für das Notfallmittel (Rescue Remedy), eine

Kombination verschiedener Bachblüten, gilt eine besondere Farbe.
Die Heilfarben, die den Bachblüten entsprechen, werden als Spot oder mit Pyramidenvorsatz auf die betreffende Körperzone gestrahlt. Mit den Heilblüten-Farbkarten können Sie sowohl von den Blüten zu den Heilfarben gelangen, wie auch von Farbvorlieben zu Blüten, um die Auswahl der richtigen Bachblüten zu erleichtern. (Ein Kartensatz ist als Set mit diesem Buch erhältlich.)
Nach den Erfahrungen der Autorin gibt es folgende Farbentsprechungen:

Gelb

Gruppe 1, »Angst«:
alle Bachblüten der Gruppe, also
- Rock Rose
- Mimulus
- Cherry Plum
- Aspen
- Red Chestnut

Gruppe 3, »Mangelndes Gegenwartsinteresse«:
- Clematis
- Wild Rose
- Honeysuckle

Rot

Gruppe 2, »Unsicherheit«:
alle Bachblüten der Gruppe, also
- Cerato

- Scleranthus
- Gentian
- Gorse
- Hornbeam
- Wild Oat

Türkis

Gruppe 3, »Mangelndes Gegenwartsinteresse«:
- White Chestnut
- Chestnut Bud
- Olive
- Mustard

Grün

Gruppe 4, »Einsamkeit«:
alle Bachblüten der Gruppe, also
- Water Violet
- Impatiens
- Heather

Gruppe 7, »Übertriebene Fürsorge«:
alle Bachblüten der Gruppe, also
- Chicory
- Vervain
- Vine
- Beech
- Rock Water

Blau

Gruppe 5, »Überempfindlichkeit für Einflüsse«:
alle Bachblüten der Gruppe, also
- Agrimony
- Centaury
- Walnut
- Holly

Orange

Gruppe 6, »Mutlosigkeit und Verzweiflung«:
- Larch
- Pine
- Elm
- Sweet Chestnut
- Star of Bethlehem
- Willow
- Oak

Violett

Gruppe 6, »Mutlosigkeit – Verzweiflung«:
- Crab Apple

Magenta

- Rescue Remedy (Notfallmittel, eine Mischung von verschiedenen Bachblüten)

Schauen wir uns nun näher an, welche Farben für welche Heilwirkungen bekannt sind.

Die wichtigsten Heilfarben

Die Informationen in diesem Abschnitt dienen als Hilfen, um die Heilkräfte von Licht und Farben im Rahmen einer natürlichen Komplementärmedizin verantwortlich einzusetzen. Die Heilwirkungen von Licht und Farben sind seit Jahrtausenden bekannt. Die folgenden Ausführungen entstammen zum großen Teil eigenen Erfahrungen in der Naturheilpraxis, aber auch dem Erfahrungsaustausch mit anderen naturheilkundlichen und schulmedizinischen Behandlern/-innen sowie den Berichten von Patienten und Seminarteilnehmern.
Ich möchte dazu anregen, wieder mehr zu den natürlichen Heilmitteln und Heilweisen der Natur zurückzukommen. Man könnte getrost auch sagen: zur schöpferischen Heilkunde unter höherer, göttlicher Führung. Dr. Edward Bach hat in seinem Werk immer wieder darauf hingewiesen, daß in einer wohlgeordneten Schöpfung, die von einem intelligenten Schöpfergeist beseelt ist, selbstverständlich auch natürliche Heilweisen zur Behandlung und Selbstbehandlung vorgesehen sind.
Das entbindet natürlich weder Sie noch mich davon, bei allen Leiden und Beschwerden sehr sorgfältig zu erwägen, welche Methoden, Therapien und Medikamente wir anwenden sollten. Und genauso natürlich ist es für mich, daß wir auch im Bereich der Gesundheit den Rat kompetenter, aufgeschlossener und seriöser Behandler suchen, die eine Ganzheitsmedizin anstreben, weil sie wissen, daß der Mensch auf allen Ebenen – Körper, Geist und Seele – behandelt werden muß, weil alle Ebenen ineinandergreifen.

Heilfarbe Grün

- kann akute Stauungen und Blockaden heilen,
- kann heiße, entzündliche, schwellende, schmerzhafte und »rote« Krankheitsprozesse lindern und heilen,
- wirkt günstig für überanstrengte Augen und stärkt den Sehpurpur,
- kann Stimmungsschwankungen harmonisieren und bei Unzufriedenheit und Ungeduld neues Gleichgewicht schaffen,
- regt die Hirnanhangdrüse (Hypophyse) an und harmonisiert sie (die Hypophyse ist neben der Epiphyse die wichtigste Steuerungsdrüse für unser gesamtes Drüsensystem und damit auch für die Chakren, diese wiederum wirken wesentlich auf die Aura ein – hier schließen sich also mehrere Kreise),
- fördert die Neubildung von Muskel- und Bindegewebszellen,
- zerstört Keime und Bazillen,
- reinigt und hemmt Zerfall und Verwesung,
- wirkt antiseptisch
- wirkt ähnlich wie Chlorophyll, einer Basis für unsere Sauerstoffaufnahme,
- schützt vor unerwünschten Gedankeneinflüssen.

Grün ist die wichtigste Heilfarbe.

Heilfarbe Rot

- kann bereits degenerierte Funktionen des Organismus wiederbeleben,
- regt den Stoffwechsel an und fördert die Ausscheidung,
- bringt Schlackenstoffe durch die Haut zur Ausscheidung und verursacht deshalb Hautröte, Pickel und Jucken bis zur Reinigung,

- kann die körperliche Leistungsfähigkeit steigern, kann aber auch aufregen und überreizen,
- wärmt (rote Unterwäsche und Socken wärmen mehr als andere),
- regt das sensorische Nervensystem an, welches für Sehen, Hören, Fühlen und Schmecken zuständig ist,
- stärkt die Lebertätigkeit (entspricht Vitamin B12),
- fördert die Hämoglobinbildung,

Nach dem Dinshah-System wirkt Rot bei Verbrennungen durch Röntgen- und UV-Strahlen. Rot muß in der Farbtherapie sehr behutsam und gezielt eingesetzt werden, da es hochwirksam ist und leicht zu Überreaktionen führen kann.

Heilfarbe Orange

- kann Lebensfreude vermitteln und allgemein problemlösend, öffnend und aktivierend wirken,
- löst Gase und Blähungen im Verdauungstrakt (wirkt »karminativ«),
- regt die harmonische Magentätigkeit an, hilft bei der Entgiftung und Entleerung des Magens,
- lindert bzw. löst Krämpfe und Muskelschmerzen,
- ist wichtig für die Lunge und regt den Atemtrakt an,
- wirkt gegen Schluckauf,
- hilft gegen Rachitis und stärkt Knochen- und Zahnaufbau,
- entspricht der Wirkung von Calcium,
- fördert die Tätigkeit der Schilddrüse und wirkt aktivierend,
- hilft in der Schwangerschaft,

Manche älteren Quellen sagen, daß sich Orange bei der Behandlung von Tuberkulose bewährt habe.

Heilfarbe Gelb

- regt den Darm und die Bauchspeicheldrüse (auch bei Diabetes) an,
- unterstützt die Leber bei der Gallensaftproduktion und fördert die Entgiftung des Organismus,
- wirkt anregend auf Magen und Nieren,
- regt den Stuhlgang an,
- hilft, Würmer und Parasiten auszutreiben,
- fördert den Lymphfluß,
- regt das vegetative und motorische Nervensystem an,
- hilft bei Lähmungserscheinungen,
- kann bei Teilnahmslosigkeit und Mangel an Interesse an der Gegenwart wieder die aktive Zuwendung zur Welt fördern,
- kann bei Resignation neue Hoffnung wecken, auch bei Kranken, die ihre Heilung aufgegeben haben,
- kann über das Sonnengeflecht den Lebensantrieb stärken,
- beruhigt die Milz.

Manche Therapeuten sagen, daß Gelb auch Augen und Ohren stärkt. Unter Umständen soll es auch bei Arthritis und Neuritis helfen.

Heilfarbe Lemon (Gelbgrün)

- verwendet man bei allen chronischen Beschwerden, um Stauungen und Blockaden wieder ins Fließen zu bekommen,
- hilft, Schleim abzuhusten,
- hilft, alte Verhaltensmuster zu lösen,
- hilft loszulassen,
- wirkt reinigend für die Bronchien (und als »Expectorans«),

- regt die Thymusdrüse an und stimuliert dadurch das Immunsystem,
- fördert die Hirntätigkeit und den Gedankenfluß,
- hilft, manche Blutgerinnsel zu lösen,
- wirkt leicht abführend und regt das Verdauungssystem an,
- unterstützt das motorische Nervensystem (hilft auch als Ergänzung zu anderen Naturheilweisen bei Alzheimer).

Lemon hilft generell, stagnierende Prozesse und blockierte, psychosomatische Funktionen wieder in Fluß zu bringen. Wenn Grün oder Gelb dort, wo sie sonst angezeigt sind, nicht weiterführen, sollte man es mit Lemon probieren. (Mischfarben wie Lemon lassen sich mit der Farbhandlampe von Life Energy Products leicht erzielen, die zweimal zwölf Farbfilter bietet; siehe Hinweis am Schluß des Buchs.)

Heilfarbe Türkis

- beruhigt überschießende Gedanken und mentale Nervosität,
- wirkt harmonisierend auf die Schilddrüse,
- ist günstig bei Ermüdung aufgrund von Belastungen durch Giftstoffe im Körper,
- hilft bei Kopfschmerzen wegen Müdigkeit,
- bewährt sich bei geistigen Erschöpfungszuständen sowohl durch Streß wie auch durch elektromagnetischen Smog (lange Arbeit vor nicht abgeschirmten Computern, lange Fernsehabende, Aufenthalt in der Nähe von Sendern und Radarstationen etc.),
- harmonisiert übersteigertes sexuelles Verlangen (siehe auch Purpur),
- hilft nach Sonnenbrand, neue Haut aufzubauen,

– stellt eine Brücke zwischen Erde und Äther dar.

Wenn Grün oder Blau dort, wo sie sonst angezeigt sind, nicht weiterführen, sollte man es mit Türkis probieren.

Heilfarbe Blau

- kann den Blutdruck senken,
- hilft bei nervösen Hautallergien,
- beruhigt, klärt geistig und kann emotionale Hitzigkeit ausgleichen,
- kann nervös bedingte Organbeschwerden und Verkrampfungen lösen,
- hilft, ruhiger zu schlafen (benutzen Sie ruhig auch blaue Bettwäsche),
- kann Fieber senken und Entzündungen lindern (wirkt antiphlogistisch),
- soll laut Dinshah bei Fieber schweißtreibend wirken und so Giftstoffe auszuscheiden helfen,
- regt die Zirbeldrüse (Epiphyse) an und baut dadurch neue Vitalität auf (die Epiphyse ist neben der Hypophyse – siehe Heilfarbe Grün – die wichtigste Steuerungsdrüse für unser »endokrines« Drüsensystem).

Indigoblau (Tiefblau)

- beruhigt eine überaktive Schilddrüse,
- harmonisiert eine unregelmäßige, heftige Atmung,
- lindert Hämorrhoiden (dort bestrahlen!),
- wirkt zusammenziehend (adstringierend),
- kann Sekretionen stoppen und kann damit die Ausbreitung von Abszessen verhindern,
- fördert die Bildung von Phagozyten (notwendige

»Freßzellen«, die Mikroorganismen »vertilgen«) und hilft deshalb bei der schnelleren Wundheilung,
- senkt eine eventuell zu starke Milchproduktion der Frau,
- wirkt beruhigend bei zuviel Aufregung und Überaktivität,
- lindert starke, akute Schmerzen,
- hilft, Schwellungen und Tumore abklingen zu lassen bzw. zu reduzieren,
- kann Nasenbluten stoppen,
- unterstützt die Heilung bei Nervenentzündungen (im Wechsel mit Türkis bestrahlen).

Indigoblau ist ein tiefes Blau, das mit etwas Violett vermischt ist. (Tiefere Farbschattierungen wie Indigoblau lassen sich mit der Farbhandlampe von Life Energy Products leicht erzielen; siehe Hinweis am Schluß des Buchs.)

Heilfarbe Violett

- wirkt zur Reinigung des Organismus sowohl bei äußerlich sichtbaren Unreinheiten (zum Beispiel Akne) wie auch bei nur innerlich empfundenen Gefühlen, sich irgendwie reinigen zu wollen,
- steigert die Milztätigkeit und damit die Abwehrkräfte des Körpers,
- wirkt beruhigend auf Herz- und andere Muskel,
- harmonisiert eine überaktive Bauchspeicheldrüse,
- gleicht überbeanspruchte Lymphdrüsen aus,
- fördert die Leukozytenbildung (weiße Blutkörperchen, die als »Polizei« für die körpereigenen Abwehrkräfte sorgen – sie sehen im Blutbild interessanterweise oft violett aus!),
- fördert den Schwingungsausgleich (die Synchronisation) zwischen den beiden Gehirnhälften,

- kann (wie Magenta, Weiß und Gold) zur Bewußtseinsöffnung für nichtmaterielle Erfahrungen und zur Anregung von Intuition und Inspiration dienen,
- beruhigt bei Nervenüberreizung – ist also chemisch-pharmazeutischen »Tranquilizern« vorzuziehen.

Heilfarbe Magenta (Rotviolett, Gegenfarbe zu Grün)

- wirkt als »Notfallfarbe« bei Kreislaufschwächen, Ohnmacht, plötzlichen Zusammenbrüchen,
- tonisiert Herz und Nieren, wirkt also anregend, ohne zu überreizen oder aufzuregen,
- fördert den Blutkreislauf, ohne den Blutdruck zu beeinflussen (während Rot erhöht und Blau senkt),
- tonisiert alle Sexualorgane bei Mann und Frau,
- kann spirituell harmonisierend und ausgleichend bei emotionalen Ausbrüchen wirken,
- kann als lebensfördernde und vitalisierende Heilfarbe wirken, auch bei Fernheilungen, Radionik-Anwendungen und dergleichen (auf Fotos, Unterschrift oder Haarprobe),
- wirkt als Schutzfarbe bei metaphysischen Angriffen,
- hilft in der Schwangerschaft, das ungeborene Leben vor äußeren und medialen Einflüssen auf dessen Emotional- und Lichtkörper zu schützen.

Mit Magenta bestrahltes Quellwasser soll neue Energien vermitteln können. Ich kann auf jeden Fall aus eigener Erfahrung sagen, daß solches Wasser wesentlich besser schmeckt. Magenta kann man einsetzen, wenn man mit Rot oder Violett sonst nicht weiter kommt.

Achtung: Wenn man zuviel mit Magenta arbeitet, verliert

man Aurakräfte und muß »neu aufgeladen« werden – mit Grün!
Nun noch Hinweise auf zwei Rotvarianten, Purpur und Scharlach:

Heilfarbe Purpur (Violett-Magenta)

- wirkt einschläfernd,
- fördert den Venenfluß,
- senkt den Blutdruck (weil sich die Gefäße erweitern, die Pumptätigkeit des Herzens und damit der Herzschlag verlangsamt, eine Überaktivität von Nieren und Nebennieren vermindert wird und damit auch der Adrenalinausstoß),
- hilft bei Fieber und hohem Blutdruck aufgrund von Malaria und ähnlichen Anfällen,
- kann den Blutdruck zwischen Herz und Lunge reduzieren,
- lindert bei einigen »trockenen« Hustenformen,
- reguliert übermäßige Libido (Anaphrodisiakum).

Heilfarbe Scharlachrot (Rot-Magenta)

- wirkt anregend für die Herz- und Nierentätigkeit,
- fördert den Blutfluß in den Arterien,
- stärkt den Blutdruck (zieht die Blutgefäße zusammen, wirkt also »vasokonstriktiv«, steigert den Herzschlag, regt die Funktionen von Nieren und Nebennieren an),
- beschleunigt den Geburtsvorgang,
- regt emotional an,
- wirkt aphrodisierend, steigert also Libido und Sinnlichkeit,
- regt die Fortpflanzungsorgane an (auch in fortgeschrittenem Alter),

- lindert Periodenschmerz und regt den Mensesfluß an (»emanogog«),
- lindert Sinusitisprobleme,
- wirkt lösend bei Stauungen, Steinen und Kristallablagerungen (Lumbago, Arthritis und ähnlichem) im Wechsel mit Lemon.

Heilfarbe Weiß

- dient der Öffnung für höhere Bewußtseinsdimensionen,
- verhilft zur Klärung, Reinigung und Vervollkommnung,
- ist für die Bestrahlung der Scheitelzone (des Kronenchakras), wenn man sich noch nicht über eine spezifische Farbe im klaren ist (das kann aber zu schnellen und überaus heftigen Reaktionen führen, man sollte vorher Grün oder Lemon anwenden; der Körper filtert sich sozusagen die Farbe heraus, die er braucht).

Man benutzt die Farbhandlampe mit Quarzpyramidenaufsatz, aber ohne Farbwechselfilter.

Heilfarbe Gold

Die Heilfarbe Gold wird vor allem in verschiedenen Meditationen eingesetzt. Goldschmuck kann ebenso, allerdings eine etwas andere und manchmal abgeschwächte Heilwirkung haben. Er dient zur Stärkung der Vitalität und des Lebensmuts sowie der Selbstheilungskräfte, und wenn man andere Metalle nicht verträgt. Wenn das für Sie zutrifft, sollten Sie einen kompetenten homöopathischen Behandler um Rat fragen, welche alten Fehlmuster erst noch aufgelöst werden müssen.

Heilfarben wichtiger Drüsen und Organe

Hypophyse:
- zur Harmonisierung Blau
- zur Aktivierung Grün

Schilddrüse:
- zur Harmonisierung und bei starker Strahlenbelastung Türkis
- bei Unterfunktion Orange
- bei Überfunktion Blau

Leber:
- zur Unterstützung der Entgiftung Gelb
- bei Überforderung durch zu viele Gifte Rot

Galle:
- generelle Heilfarbe Grün

Bauchspeicheldrüse:
- generelle Heilfarbe Gelb

Milz:
- generelle Heilfarbe Violett

Nebennieren:
- zur Anregung Gelb
- zur Sedierung Blau

Darm:
- zur Aktivierung Gelb, Orange, Rot
- zur Neutralisierung Grün

Gebärmutter:
- zur Aktivierung Orange
- zur Beruhigung Blau

Violett als Sonderfarbe zur Reinigung

Erst seit etwa zwei Jahrzehnten wird die Bedeutung der Milz von einigen Wissenschaftlern anerkannt, für die meisten jedoch ist dieses Organ ein Rätsel, und einige halten es sogar für überflüssig. Doch viele psychische und psychosomatische Leiden, an denen Ärzte ergebnislos herumtherapieren, basieren auf Stauungen in der Milz. Dazu gehören einige Formen von Depressionen, das heißt Mangel an Lebensfreude und Lebenswillen, Desorientierung, Energielosigkeit und Antriebsschwäche. Weitere Symptome können Angst vor Menschenansammlungen, vor Dunkelheit, Kellern und geschlossenen Räumen sein. Ferner ist der Herzschlag möglicherweise beeinträchtigt. Typische Zeichen sind häufiges Seufzen, gelbliche Haut und bräunliche Färbung um die Augen. Es hat den Anschein, daß ein Milzstau das Fließen der Lebensenergie blockiert.
Auf diesem Wege können wir auch erklären, weshalb oft Milzstauungen auftreten, wenn eine nahestehende Person gestorben ist, auch die typischen Milzstauungen bei Frauen, deren Partnerschaft aufgelöst wurde. Die bestehende »Bio-Connection« wirkt sich insofern störend aus, als die Frau so lange darunter leidet, bis sie eine neue Verbindung eingegangen ist. Männer haben damit nicht so zu schaffen, weil das männliche, nach außen gerichtete Yang-Prinzip sie davor bewahrt. Das aufnehmende weibliche Yin-Prinzip der Frauen macht sie in solchen Situationen anfälliger.
Schutz, Harmonisierung und Heilung kann durch Licht erfolgen. Die Milz, die links im Oberbauch unter den Rippen liegt, wird entweder mit violettem Licht bestrahlt, man stellt ein Glas Wasser auf Violett aus dem Farb-Energie-Set, oder man visualisiert diese Farbe. Die stärkste

Heilkraft bietet jedoch Sonnenlicht, das von der dafür zuständigen Milz gesammelt und im Körper verteilt wird. Wenn der Organismus durch Giftstoffe, Medikamente, Drogen, geopathische oder elektromagnetische Störzonen belastet ist, wird die Milz, unser größtes Lymphorgan, »verdunkelt«; das kann übrigens auch durch Mißbrauch medialer Kräfte oder durch magische Beeinflussung von außen geschehen. Diese »Verdunkelung« kann durch äußeres und inneres Licht aufgehoben werden – einerseits durch Sonnenlicht und andererseits durch das innere Licht der Meditation.

Der Heilfarbe Violett entspricht bei den Bachblüten Crab Apple. (Man strahlt Violett eine Woche lang zweimal am Tag jeweils 10 Minuten als Spot auf die Milzzone; man nimmt Crab Apple genauso lange, täglich dreimal vier Tropfen – das Wasserglas stellt man wieder auf Violett aus dem Farb-Energie-Set, um die Wirkung zu verstärken.) Diese Maßnahmen, verbunden mit Meditation über das innere Licht, können wahre Wunder wirken bei der Harmonisierung und Entgiftung des gesamten Organismus, besonders der Milz, bei der Lösung von Blockaden und der Stimulierung neuer Lebenskräfte!

Lemon als Heilfarbe für die Thymusdrüse

Ähnlich oft wie die Bedeutung der Milz wird die Wichtigkeit der Thymusdrüse übersehen. In der Kindheit ist die Thymusdrüse für das körperliche Wachstum zuständig. Generell sorgt sie für das reibungslose Funktionieren des Immunsystems, sie beeinflußt unsere Gehirntätigkeit positiv, vor allem unser Gedächtnis, und sie sorgt für laufende Zellerneuerung.

Das alles kann die Thymusdrüse natürlich nur tun, solange sie aktiv ist; sie hat aber leider die Neigung, bereits im frühen Erwachsenenalter damit zu beginnen, ihre Tätigkeit zu verlangsamen, zu schrumpfen und sich auf eine baldige Pensionierung vorzubereiten. Parallel damit beginnt insgesamt unsere Jugend zu schwinden, und zwar sowohl körperlich wie geistig. Viele Mediziner sagen, das sei nun einmal so und müsse hingenommen werden.
Zum Glück stimmt das nun nicht. Vielmehr können wir unsere Thymusdrüse aktivieren und sogar weiterentwickeln, und zwar bis ins hohe Alter. Im Vordergrund steht dabei die Erhaltung der geistigen Jugend, denn ohne sie kann auch der Körper nicht jung bleiben.
Hierzu ist unbedingt notwendig, daß alte Verhaltensmuster und negative emotionale Erfahrungen und Gedanken losgelassen werden, damit sie sich nicht im Körper manifestieren können.
Um uns auf die Notwendigkeit des Ausscheidens von Giftstoffen, die durch festgehaltene negative Gemütszustände entstanden sind, aufmerksam zu machen, reagieren unter anderem die Bronchien. Sie sind sozusagen das Tor der Thymusdrüse nach außen. Ein Beispiel: Wenn sich ein festgehaltener oder verdrängter Kummer (es kann sich auch um die Erinnerung an eine Beleidigung handeln) in der Leber manifestiert hat, erhalten die Bronchien eine entsprechende Information. Um die physischen Folgen der psychischen Verletzungen nach außen bringen zu können und den Körper somit davon zu befreien, benötigen die Bronchien die Hilfe der Thymusdrüse.
Wird diese aktiviert, so sind die Bronchien in der Lage, die störenden Stoffe durch Husten und/oder Schleimabsonderung loszuwerden und damit Körper und Psyche zu reinigen. Vielleicht haben Sie bemerkt, daß Husten und Räus-

pern vermehrt auftreten, wenn Sie sich von etwas trennen, von der gewohnten Umgebung, vom Partner oder von Gedankenmustern und alten Gewohnheiten.
Heilfarbe für die Thymusdrüse ist Lemon, die direkt mit Pyramide oder als Spot auf die Thymusdrüse (unterhalb der Mitte der Schlüsselbeinknochen) gestrahlt wird, und zwar mehrfach am Tage ein bis zwei Wochen lang. Zusätzlich wirkt ein Glas Wasser, täglich getrunken, das auf die Farbe Lemon aus dem Farb-Energie-Set gestellt wurde.
Oft eignet sich das Bachblüten-Heilmittel Honeysuckle.

Farben und Chakren

Nach meiner Erfahrung sowohl bei spirituellen Erlebnissen als auch im Gesprächsaustausch bei Workshops, in Meditationen und durch die Arbeit mit Patientinnen und Patienten in meiner homöopathischen Naturheilpraxis bin ich zur Erkenntnis gelangt, daß es elf wichtige Kraftzentren im Menschen gibt (die ich der Einfachheit halber jetzt immer »Chakren« nenne, obwohl Hara* und Scheitelzentrum keine typischen Chakrafunktionen ausüben; außerhalb des Menschen gelegene Kraftzentren, zum Beispiel mehrere astrale Chakren über dem Kopf, fallen nicht in diese Abhandlung). Diese »elf Chakren« spielen für unsere körperliche und seelische Gesundheit, für unser Gefühlsleben, für Intuition, Kreativität, Problemlösungspotential, Heilfähigkeiten, Meditationen und spirituelle Selbstverwirklichung eine entscheidende Rolle.

Ihr Zusammenwirken ist sehr komplex. Wenn ein Chakra sehr viel stärker oder schwächer als die anderen arbeitet bzw. strahlt, dann führt das zu einer Disharmonie im Gesamtsystem. Es kann Energieblockaden geben, oder ein Chakra kann auch isoliert sein von den anderen und damit störend wirken. Manche mediale Menschen, die Auren sehen – wie zum Beispiel Lea Sanders (in *Die Farben deiner Aura*) –, erklären, daß die Drehrichtung der Chakraenergien über Positiv- oder Negativpolung entscheidet.

---

*Hara heißt auf japanisch wörtlich »Unterleib, Bauch, Eingeweide«; im Zen bedeutet der Begriff »die (geistige) Mitte des Menschen«. Das Kraftzentrum liegt in der Bauchhöhle.

Ich möchte Ihnen zunächst einmal eine erste Übersicht in Form einer Tabelle über die wichtigen Kraftzentren geben. (Die klassischen Chakren der elf indischen Yoga-Wege sind hier mit einem Sternchen gekennzeichnet.)

Chakrendrüsen	**Funktionen**	**Harmoniefarben**	**Heilfarben**
Basischakra, Erde	Potential der Lebensenergie, Grundvitalität, Lebenswille	Glutrot, Scharlachrot	Bei Unterfunktion: Tiefrot, Magenta Bei Überfunktion: Türkis, Blau
*Sexualchakra, Keimdrüsen**	Schöpferkraft, Sexualität	Zinnoberrot, Orangerot	Bei Unterfunktion: Orange Bei Überfunktion: (Indigo-)Blau
Hara	Physischer Schwerpunkt, »Energietor«, Gleichgewichtspunkt	Grün	Bei körperlichem und seelischem Ungleichgewicht, bzw. Energieschwäche: Orange
*Milzchakra**	Sammlung und Verteilung von Sonnen- und Lebensenergie	Violett	Gelb und Violett
*Nabelchakra, Solarplexus**	Ich-Kraft, Verdauung, Emotionalkörper, Astralkräfte	Gelb	Bei Unterfunktion: Gelb, Orange, Rot Bei Überfunktion: Grün
*Herzchakra**	Überpersönliche Kräfte, Liebe, Blut-Kreislauf, Auflösung	Grün, Rosa	Bei Unterfunktion: Magenta Bei Überfunktion: Blau, Grün

Chakrendrüsen	Funktionen	Harmoniefarben	Heilfarben
Thymuschakra, Thymusdrüse	Ausdruckskraft für überpersönliche Gefühle, Immunsystem	Lemon	Bei Unterfunktion: Lemon (Gelbgrün)
*Kehlkopfchakra, Schilddrüse**	Kommunikations-fähigkeit, schöpferischer Selbstausdruck	Türkis	Bei Unterfunktion: Orange Bei Überfunktion: Blau
Handchakren	Sammlung und Austausch von Heilenergien	Irisierend	Zur Anregung: Weiß, Magenta Bei Überempfindlichkeit: Blau, Grün
*Augenchakra, drittes Auge, Hypophyse**	Sitz der Seele, Konzentration und Meditation, Bewußtsein vom Selbst, spirituelle Sehfähigkeit	Indigoblau	Bei Unterfunktion: Indigo, Grün Bei Gefahr der isolierten Überbetonung: Orange
Scheitel, Lotos, Epiphyse	Öffnung für höhere Dimensionen, Verbindung zum Kosmos	Heiligenschein	Zur Öffnung: Violett, Weiß-Gold oder Magenta Zur Beruhigung: Grün

Harmoniefarbe ist die Hauptfarbe des jeweiligen Chakras im natürlichen, harmonischen Zustand. Heilfarben sind jene, mit denen sich unausgeglichene, geschwächte oder überreizte Chakrafunktionen wieder auf natürliche Weise ausgleichen lassen.

Die fünf klassischen Elemente werden in der indischen Religionsphilosophie den Chakren übrigens so zugeordnet (nach Sant Rajinder Singh):

Erde:	Basischakra
Wasser:	Sexualchakra
Feuer:	Nabelchakra (heißt auch Sonnengeflecht)
Luft:	Herzchakra
Äther:	Kehlkopfchakra

Das sechste Chakra ist der Sitz der Seele. Ein siebentes Chakra gibt es nach Sant Rajinder Singh nicht. Das bei uns oft »Kronenchakra« genannte »Scheitelzentrum« besitzt seiner Auffassung nach keine eigene Chakrafunktion, sondern stellt mit seinem innen erfahrbaren Licht bereits eine schwache Spiegelung des überkörperlichen Lichts der transzendenten Dimensionen der Astralebene dar.

Die sieben Stufen der Chakraentwicklung

Die aufsteigende Reihenfolge der »klassischen« Chakren entspricht sozusagen der menschlichen Entwicklung. Man könnte den Bewußtseinsgrad des Menschen beschreiben anhand jener Chakren, auf deren Ebene er sich am intensivsten erfährt. Eine solche Darstellung könnte zum Beispiel lauten:

1. Stufe: Chakra – Wurzelzentrum
Der Mensch ist – wenn er überwiegend auf dieser Stufe lebt – noch ein unbewußtes Wesen, den das Schicksal blind herumtreibt; sein Sexualtrieb ist »tierähnlich« und folgt einem ungesteuerten Entladungsdrang.

2. Stufe: Chakra – Sexualzentrum
Erstes heraufdämmerndes Bewußtwerden, erstes geistiges Erwachen. Im Sexualleben Suche nach einem körperlich passenden Partner, schon verbunden mit einer gewissen Auswahl.

3. Stufe: Chakra – Nabelzentrum
Bewußtwerden im Gefühlsleben. Suche nach einer gefühlsmäßig passenden Arbeit und im Sexualleben nach einem gefühlhaft und seelisch, aber auch körperlich passenden Partner. Drang bzw. Sehnsucht nach Familienleben.

4. Stufe: Chakra – Herzzentrum
Bewußtwerden auf der Mentalebene; Wissensdurst, Drang zu studieren, Suche nach geistiger Beschäftigung und nach einem geistigen Beruf. Im Sexualleben Suche nach einem in jeder Hinsicht passenden, intelligenten und verständnisvollen Partner, der aus Liebe geheiratet wird.

5. Stufe: Chakra – Kehlkopfzentrum
Erwachen der magischen, suggestiven Kräfte; dementsprechende schöpferische Tätigkeit und überlegene, suggestive Wirkung auf die Mitmenschen. Selbstbeherrschung und Beherrschung des Schicksals, Suche nach Verkörperung der im Unterbewußtsein weilenden Ergänzung bzw. nach dem geistig-seelisch und körperlich passenden Liebespartner. Vollkommenes Freisein von allen menschgeschaffenen bürgerlichen Vorschriften und Gesetzen; gleichzeitig eine moralisch hochstehende Lebensweise aus innerem Drang und in Übereinstimmung mit inneren, göttlichen Gewissensgesetzen.

6. Stufe: Chakra – Zentrum des dritten Auges

Das sechste Chakra ist das Stirnzentrum; es wird auch das »dritte Auge« genannt. Es liegt zwischen und hinter den Augenbrauen. Dieses Kraftzentrum koordiniert sämtliche Energien. Es ist gleichzeitig der »Sitz der Seele« und damit das Zentrum, von dem aus wir mit unserer individuellen Bewußtheit in die transzendenten Dimensionen blicken können. Hier findet der Übergang von der Körperlichkeit zur Geistigkeit statt. Es steht in Beziehung zur Hypophyse, zum Hypothalamus und zum sympathischen Nervensystem. Über das sechste Chakra finden wir Zugang zum schattenlosen kosmischen Licht und zum ewigen göttlichen Ton. Hier wir der Mensch zum wahren Menschen und erkennt sich als geistig bewußte Seele.

7. Stufe (kein eigentliches Chakra): Scheitelzentrum

Während bei uns oft gewähnt wird, daß man über das sogenannte sechste Chakra den Zugang zu den höheren Dimensionen erreiche, sagt der Osten etwas anderes. Beispiel Sant Rajinder Singh, der Präsident der Weltgemeinschaft der Religionen und das spirituelle Oberhaupt des Surat-Shabd-Yoga, erklärt zum Beispiel, daß über das Scheitelzentrum erste Spiegelungen aus der Astralebene erfahrbar sind, dieses »Zentrum« aber keine eigene Energiewirkung besitze und mithin kein Chakra im üblichen Sinne sei.

Um die niederen Stufen zu durchschreiten, muß man oft inkarnieren. Die unbewußten und unmenschlichen Verhaltensweisen beispielsweise von Personen, die brennen und morden, sind uns ja leider auch heute nicht unbekannt.

Von den mittleren Stufen zur nächsten kann der Mensch sich im Verlauf eines einzigen Lebens entwickeln. Diese Stufe kann er mit Hilfe der in seinem Körper vorhandenen Kundalini-Kraft in beschleunigtem Tempo in viel kürzerer Zeit erreichen, als wenn er diese spirituelle und psychische Energie, die durch Yoga-Funktionen systematisch geweckt werden kann, nicht entwickelt.

Zur Technik der Farbtherapie in der Praxis

Man bestrahlt direkt die Körperoberfläche ohne Kleidungsstücke zwischen dem Farblicht und der Körperstelle. Vorsicht ist geboten bei Farblicht, das Wärme mit abstrahlt: Es kann zu Erhitzungen kommen, die dem Zweck der Farbtherapie zuwiderlaufen. Wenn Sie zum Beispiel mit Grün oder Blau bestrahlen, um zu neutralisieren, zu kühlen und zu lindern oder Entzündungen abschwellen zu lassen, aber die Farblichtquelle selbst nicht nur Farblicht, sondern eben auch Wärme entwickelt, kann die Erhitzung jede Farbwirkung nicht nur aufheben, sondern sogar eine Verschlimmerung der Beschwerden bewirken.

Wenn Sie eine Farbhandlampe mit Quarzpyramidenvorsatz haben (siehe Anhang, »Bezugsquellen«), ist im Regelfall eine Bestrahlungsdauer von etwa einer Minute ratsam, im leichten Kontakt zur Haut. (Bei offenen Wunden berührt die Pyramidenspitze die Haut natürlich nicht!)

Mit Spotbestrahlung (ohne einen Pyramiden-Akupunkturvorsatz) sollte man drei bis zwanzig Minuten bestrahlen, dicht über der Haut. Man kann eventuell ein Stativ für die Handlampe benutzen.

Ganzkörperbestrahlung dauert zwischen zwanzig und sech-

zig Minuten und wird mit größeren, stationären Farblampen durchgeführt.
Man kann Farbtherapie in begrenztem Umfang auch durch Auflegen von farbigen Folien, notfalls von farbigen Tüchern, ausüben sowie mit Schmuck, vor allem mit gutem Goldschmuck.
Nach meiner Praxiserfahrung bewährt sich das Farb-Energie-Set mit den zwölf Farben gut, auf die an einem hellen Platz etwa zehn Minuten lang ein Glas Wasser gestellt wird.
Eine andere Methode besteht darin, Quellwasser oder Öl farbig zu bestrahlen bzw. in farbigen Gläsern in die Sonne zu stellen und danach als Heilmittel zu verwenden.
Ich empfehle, individuell auszuprobieren, die Bachblütentropfen, die in Quellwasser verdünnt wurden, in einem Glas auf eine der zwölf Farben des Farb-Energie-Sets in die Sonne zu stellen. Man nimmt die Farben, die weiter oben ab Seite 134 angegeben wurden. Probieren Sie aus, ob es Ihnen hilft. Aus meiner Erfahrung kann ich sagen, daß oft – allerdings nicht immer – die Heilwirkung verstärkt wird.

Das innere Licht und die inneren Farben

Sie haben nun eine Reihe von Anregungen erhalten zur Bedeutung, Anwendung und Wirkung von Farben, vor allem von Lichtfarben. Im Traum, bei geführten Phantasiereisen oder in der Meditation haben Sie vielleicht erfahren, daß es auch im Inneren, auf höheren geistigen Dimensionen, Farbe und Licht gibt.
In manchen spirituellen Lehren heißt es, daß sich nach und nach neue Farben auch sichtbar manifestieren werden in dem Maße, wie sich das Bewußtsein der Menschheit entwickelt. Vielleicht ist Ihnen auch schon aufgefallen, wieviel häufiger Magenta – also ein kräftiges, leuchtendes Rotviolett oder starkes Malvenrot – als Modefarbe geschätzt wird. Auch Türkis gewinnt zunehmend an Beliebtheit. Bereits die Veränderung der modischen Farben – nicht das absurde »Modediktat« von Bekleidungsunternehmen und Designern ist gemeint, die nichts Besseres zu tun haben, als jede Saison aufs neue darum zu konkurrieren, wer die scheußlichsten Farben erfindet – ist ein deutliches Signal für den Bewußtseinswandel.
In diesem letzten Kapitel des zweiten Teils möchten wir Ihre Aufmerksamkeit auf die inneren Reiche Ihres Bewußtseins und auf die Entdeckung Ihrer »Sehfähigkeit« ohne Augen lenken! Das sogenannte Augenbrauen-Chakra – oder »dritte Auge« bzw. »Einzelauge« – wird in den traditionellen Chakrasystemen auch das sechste Chakra genannt. Über dieses sechste Chakra sagt Sant Rajinder Singh, ein Meditationsmeister des inneren Lichts und Tons, Präsident der »Fellowship of World Religions« und Nachfolger des in die geistige Welt hinüber-

gewechselten Mystikers Sant Darshan Singh, unter anderem:

> »Das wichtigste Kraftzentrum in der Welt ist der Sitz der Seele, der Augenbrennpunkt, das dritte Auge, das Einzelauge, da unsere Seele nur von diesem Zentrum aus in die inneren Bereiche gelangen kann. Nur von diesem Zentrum aus können wir Gott erkennen, können mit dem göttlichen Strom von Licht und Ton in Verbindung kommen.
> Da die Zusammensetzung (der inneren Dimensionen) von unterschiedlicher Dichte ist, erscheint uns der Licht- und Tonstrom Gottes unterschiedlich, wenn er durch diese Ebenen hindurchfließt. Auf der ersten Ebene sehen wir das Licht von Kerzen, auf der zweiten das Licht der rot aufgehenden Sonne. Auf der dritten Ebene sehen wir ein Licht, das von einem Mond zu kommen scheint. Auf der vierten Ebene sehen wir das einer Mittagssonne. Und die fünfte Ebene ist voller Licht. Es ist wie das Licht von Hunderttausenden von Sonnen und Monden. Und ähnlich unterschiedlich ist auch der Klang, den wir auf den einzelnen Ebenen hören …«

Jeder Mensch erlebt nicht nur Energien und Schwingungen in Aura und Chakren, sondern auch in noch feineren und höheren Bewußtseinsdimensionen.
Man kann über die Aktivierung von Chakrakräften in bestimmtem Maße zu seinem Inneren gelangen. Mit der Beherrschung der Energien des Basischakras zum Beispiel kann man die Schwerkraft überwinden und fliegen. Über die Beherrschung der Kräfte des Nabelchakras vermag man Wünsche zu verwirklichen. Über die Öffnung des Scheitelchakras können wir erste Einblicke in astrale Welten

gewinnen. Aber nur über das Augenbrauenchakra gelangen wir bewußt und klar in unsere geistige Mitte. Dort vermag sich die Aufmerksamkeit der Seele bewußt zu sammeln und das Körperbewußtsein ebenso bewußt zu überschreiten.

Es gibt einen wesentlichen Unterschied zwischen den motorischen Lebenskräften, wozu auch die Pranakraft gehört, und den sensorischen Lebenskräften, die sich als Bewußtsein der Seele auch völlig unabhängig vom physischen Körper, von psychosomatischen Vorgängen und von intellektuellen Fähigkeiten offenbaren.

Anders gesagt: Völlig unabhängig von körperlichen und gefühlhaften Vorgängen gibt es ein unabhängiges Bewußtsein der Seele. Wenn Sie selbst schon einmal ein Nah-Todeserlebnis hatten oder darüber gelesen haben, wissen Sie, daß Menschen sich in solchen Momenten als Körper auf der Erde liegen sehen, während sie von oben die Ereignisse wie unbeteiligt mit anschauen.

Wenn wir die Aufmerksamkeit der Seele konzentriert und gleichzeitig gelassen, mit Hingabe und doch ohne Erwartung, am Sitz der Seele, am oder besser im »dritten Auge« sammeln und uns von dort aus von der göttlichen Kraft führen lassen, öffnen sich vor unserem inneren Auge Wunderwelten der Farben, Formen und Geschehnisse. Wir dürfen erleben, daß wir nicht allein sind. Wir erfahren, daß wir Menschen ein bewußtes Sein = Bewußtsein nicht nur besitzen, sondern *sind*, welches sowohl durch diesen Körper und diese Persönlichkeit in dieser relativen Zeit lebt, aber davon unabhängig Teil der großen, unsagbaren lichten Ewigkeit *ist*.

Wenn wir inständig und aufrichtig um Hilfe und Führung für unseren Lebensweg außen und innen bitten, werden wir nach dem göttlichen Gesetz zu einer erleuchteten Seele

geführt, die uns den Weg weisen kann. Ihn gehen müssen und können wir allein = all-eins.
»Wer suchet, der findet. Wer klopfet, dem wird aufgetan.« – »Wenn dein Auge einfältig ist, wird dein ganzer Leib licht sein.« Die Bibel weist oft völlig unverschlüsselt auf den Zugang zum Mysterium des Lebens hin. Der christliche Mystiker Angelus Silesius schrieb: »Das Licht der Herrlichkeit scheint mitten in der Nacht. Wer kann es sehn? Ein Herz, das Augen hat und wacht.« Und weiter: »Wer seine Sinne ins Innere gebracht, der hört, was man nicht red't, und siehet in der Nacht.« Meister Eckhart sprach:

> »Alles, was Gott Vater seinem eingeborenen Sohn in der menschlichen Natur gegeben hat, das hat er völlig auch mir gegeben. Hiervon nehme ich nichts aus, weder die Einung noch die Heiligkeit; sondern er hat mir alles ebenso gegeben wie ihm.«

Nach Eckhart sind also alle Menschen mit den Gaben der Christuskraft gesegnet. Auch die Schöpfungsgeschichte berichtet vom Licht als erstem Ausdruck der göttlichen Kraft: »Es werde Licht – und es ward Licht.« Dies geschah, bevor sich die schöpferische Allmacht in Menschen mit Augen manifestierte!
Der Mystiker und Meister des inneren Lichts und Klangs, Sant Darshan Singh, erklärte in einem seiner Verse:

> »Er ist in jedem Instrument verborgen, in jedem Lied und jeder Melodie. Die ganze Schöpfung spiegelt Seine Herrlichkeit. Es gibt weder eine einzige funkelnde Welle noch einen einzigen glühenden Stern, die ihren Glanz nicht Seinem Licht verdanken.«

Darshan Singh offenbarte auch:

> »Wenn die Flamme aus dem Kelch blitzt, wird ein Lichtstrahl hervorbrechen. Aber wenn meine Augen in die Augen des Mundschenks blicken, bricht der Tag an.«

Wir schauen Licht mit unseren Augen, den äußeren und dem inneren. Goethe wußte: »Und wär' das Aug' nicht sonnenhaft, die Sonne könnt' es nicht erkennen.« Wir sind Licht, nur deshalb können wir Licht wahrnehmen. Unsere Augen vermögen nicht nur Licht aufzunehmen, sondern auch auszustrahlen. Möge uns allen beschieden sein, daß wir das Licht der Liebe, die Farben der Sympathie, den Regenbogen der Harmonie in allen Situationen sehen und auch selbst ausstrahlen werden!

Die Seelen funkeln wie das irisierende Licht von Perlmutt, in dem sich das gleißende Licht der Sonne spiegelt. Alle Sonnenstrahlen gehen von einer Mitte aus und wandern in die Unendlichkeit des Alls. Mögen wir Seelen-Sonnenstrahlen den Blick einmal nach innen wenden, auf unsere Mitte hin, und auf dem Licht, das uns ausgesandt hat, zum Ursprung zurückkehren, so werden wir beschenkt von der Fülle des Einsseins. Wir werden die Mannigfaltigkeit des Lebens als Symphonie der Farben erfahren, die aus dem einen Licht entstehen und sich zu einem Licht auch wieder fügen.

Wir wünschen Ihnen, daß Sie die Farben Ihrer Seele kennen- und schätzenlernen als eine Facette des lichten Regenbogens der Schöpfung. Wir wünschen Ihnen von ganzem Herzen so viel Licht in Ihrem Leben, wie Sie nur irgend fassen können. Lassen Sie uns alle die göttlichen schöpferischen Kräfte um Licht für diese Erde bitten. Damit wenden wir uns nun dem dritten Teil dieses Buchs zu, der Verbindung der Schwingungen und Affirmationen der Bachblüten mit ganz besonderen Meditationsfarben zur körperlichen, seelischen und geistigen Gesundung und Heilung.

Teil III

Bachblüten und spirituelle Therapie

Die sieben Bachgruppen als immer wiederkehrende Entwicklungsanforderungen des Lebens

»Es gibt keine echte Heilung ohne eine Veränderung in der Lebenseinstellung, des Seelenfriedens und des inneren Glücksgefühls«, sagte Dr. Edward Bach. Die Lebenseinstellung und unsere Gedanken und Gefühle sind die Ursachen für unser Wohlbefinden. Denn alles im Leben besteht aus Schwingungen. Auch das, was wir als Lebensstreß, Gemütsprobleme oder sogar Krankheiten erfahren, ist nur eine vorübergehende Störung der ursprünglich harmonischen Seelenschwingungen. Unter besonderer Berücksichtigung dieser Entwicklungen im menschlichen Leben betrachten wir im folgenden noch einmal kurz die sieben Bachgruppen, die bereits im ersten Teil ausführlicher beschrieben wurden.

1. Angst

Das Hauptübel der Menschen, in früherer Zeit und heute mehr denn je, ist die Angst. Es beginnt bereits bei der Geburt, ja oft sogar schon im Mutterleib. Natürlich bekommen wir Angst, wenn wir beim Geburtsvorgang plötzlich das grelle Licht eines Kreißsaales erblicken, fremde Hände und Geräusche sind plötzlich da. Das wichtigste Ziel aller Eltern sollte also schon zu diesem Zeitpunkt sein, ihrem Kind das URVERTRAUEN zu vermitteln.
Bereits bei der Geburt – für den ersten Schock – ist Rock Rose (Gelbes Sonnenröschen) ratsam oder Mimulus (Ge-

fleckte Gauklerblume) gegen die stillen heimlichen Ängste. Ob wir jetzt Angst davor haben, etwas geistig und verstandesmäßig nicht zu schaffen wie bei Cherry Plum (Kirschpflaume), unerklärliche Ängste sich einschleichen wie bei Aspen (Zitterpappel) oder wir einfach Angst um unsere nächsten Mitmenschen haben (Red Chestnut), überall fehlt uns das URVERTRAUEN. Wir müssen uns aber immer wieder daran erinnern, daß wir nicht tiefer fallen können als in die Hand Gottes!

2. Unsicherheit

Aus vielerlei Gründen konnten wir es nicht schaffen, Vertrauen zu lernen, als Folge davon werden wir unsicher, uns mangelt es an SELBSTBEWUSSTSEIN. Wir sind bereits in der zweiten Gruppe oder zwei Stufen von der ursprünglichen Harmonie entfernt.

Unsicherheit entsteht, wenn wir zuwenig SELBSTBEWUSSTSEIN besitzen wie bei Cerato (Bleiwurz). Auch tun wir uns schwer, Entscheidungen zu fällen wie bei Scleranthus (Einjähriger Knäuel); und wenn wir eine neue Idee haben, und irgend jemand sagt etwas dagegen, dann packen uns Selbstzweifel, wir sind schnell entmutigt, und wir brauchen Gentian (Bitterer Enzian).

Es kann aber auch sein, daß wir so wenig Selbstbewußtsein besitzen, daß wir in große Hoffnungslosigkeit fallen und Gorse (Stechginster) uns guttun würde. Oder es gibt Tage, da glauben wir nicht mehr an unsere eigene Kraft und meinen, die täglichen Verpflichtungen nicht mehr erfüllen zu können wie bei Hornbeam (Hainbuche). Oder wir sind im Inneren so unzufrieden mit uns selbst, glauben wirklich nicht, daß wir irgendein Ziel erreichen könnten, und sind mitten im Wild-Oat-Zustand (Waldtrespe).

3. *Mangelndes Interesse an der Gegenwart*

Wir haben immer noch unsere Ängste und einfach kein Urvertrauen aufbauen können, wurden nun unsicher. Niemand hat unser Selbstbewußtsein gestärkt. Jetzt ist der Moment in unserem Leben, wo wir uns zurückziehen – aus Unsicherheit. Wir nehmen nicht mehr aktiv am Geschehen teil, wir zeigen kein Interesse mehr für das, was um uns geschieht. Unser Partner will uns beispielsweise zu einem Fest mitnehmen, wir haben aber Angst, fühlen uns unsicher und bleiben lieber daheim.

Wir fangen an zu träumen, hören nicht mehr den anderen zu und brauchen Clematis (Weiße Waldrebe). Sehr viele Kinder sind sowieso bis zum siebten Lebensjahr in diesem Zustand. Leider aber auch oft noch in der Schulzeit. Einfach deshalb, weil sie zuwenig gelobt werden. Jeder jagt ihnen – bewußt oder unbewußt – Angst ein, die Lehrer, die Eltern oder gar Freunde. Natürlich werden die Kinder dann unsicher, haben kein Selbstwertgefühl mehr, wollen sich absondern und flüchten sich in die Träume. Es kann aber auch sein, daß ein Partner uns verlassen hat und wir nur noch an die Vergangenheit denken und absolut nichts mit der Gegenwart zu tun haben wollen, dann brauchen wir Honeysuckle (Jelängerjelieber). Manche befinden sich vor Zurückgezogenheit, Unsicherheit und Ängsten in einer Art Apathie, völliger Resignation, und nehmen alles klaglos hin. Hier wird Wild Rose (Heckenrose) benötigt.

Es gibt aber auch jene, die vor totaler Erschöpfung von

Körper, Geist und Seele nicht mehr am Geschehen teilnehmen können, Olive hilft spontan, und die Motivation kehrt zurück. Andere nehmen nicht mehr aktiv am Leben teil, weil unaufhörlich Gedanken im Kopf kreisen, die einem keine Ruhe mehr lassen. Wir fragen uns ängstlich: »Was hätte ich tun sollen?« und sind äußerst unsicher. White Chestnut (Weiße Kastanie) hilft wieder Klarheit und Sicherheit zu sehen. Einige erleben Zeiten von Schwermut und plötzlicher Trauer, einfach deshalb, weil die innere Stabilität nicht da ist durch Angst und Unsicherheit. Mustard (Ackersenf) hilft uns, diese dunklen Wolken beiseite zu schieben. Oft sondern sich Menschen ab, weil sie nicht aus Erfahrungen lernen können, sie geraten immer wieder in die gleichen Schwierigkeiten. Sie haben ihre Ängste und ihre Unsicherheit noch nicht abbauen können, weil eine andere Betrachtungsweise Neuland für sie ist. Chestnut Bud (Knospe der Roßkastanie) ist hier ratsam.

4. Einsamkeit

Wir haben uns also aus mangelndem Interesse an der Gegenwart vom täglichen Geschehen zurückgezogen, spüren immer noch die Angst in uns, und unser Selbstbewußtsein hat sich noch nicht eingestellt – jetzt ist der Moment, in dem wir uns einsam fühlen. Einsam, weil wir es selbst so wollten. Ob bewußt oder unbewußt. Nach außen wirken wir vielleicht ein wenig arrogant oder gar eingebildet. Wir isolieren uns von den Mitmenschen und machen uns vor, daß wir überlegen sind. Und dies alles nur, weil wir geschickt vertuschen, wie unsicher wir sind und welche Ängste in uns eigentlich stecken. Water Violet (Sumpf-

wasserfeder) ist die richtige Blütenessenz, besonders wenn es sich um höfliche und ruhige Mitmenschen handelt.
Es kann aber auch sein, daß wir eigentlich genug haben vom Zurückgezogensein und eigentlich gar nicht einsam sein wollen; und nun werden wir ungeduldig, leicht gereizt und reagieren zu heftig auf die Umwelt. Wir fangen an, nervös mit den Fingern zu trommeln, können nicht erwarten, daß das Essen auf dem Tisch steht, und haben einfach kein Verständnis für Langsamkeit. Und das aller nur, weil wir selbst vorher nicht in der Lage waren, den eigenen Seelenzustand wirklich zu erkennen mit all unseren Ängsten und Unsicherheiten. Impatiens (Drüsentragendes Springkraut) hilft.
Eine andere Situation entsteht, wenn wir so selbstbezogen geworden sind, weil wir uns nicht mehr trauten, mit unseren vermeintlichen Schwächen normal am täglichen Geschehen teilzunehmen, oder wenn wir uns intensiv nur um die Familie oder den Partner kümmerten, weil es ja dann nicht auffiel, daß wir uns nicht nach außen öffnen. Dann kommt der Augenblick, in dem wir uns fragen: Wer kümmert sich eigentlich um mich? Dies wird so zwanghaft, daß wir plötzlich unbedingt im Mittelpunkt des Interesses stehen wollen, andere nicht mehr zu Wort kommen lassen, uns aber nach Zuspruch und Zuwendung sehnen. Denn eigentlich hatten wir uns ja vorher aus dem Verkehr gezogen, weil wir soviel Angst hatten und uns unsicher fühlten. Heather (Heidekraut) hilft, diese Problematik zu lösen. Viele Mütter sind davon betroffen.

5. *Überempfindlichkeit*

Alle vorangegangenen Stufen in der Selbsterkenntnis haben wir nicht transformieren können. Wir besitzen noch unsere Ängste, haben kein Vertrauen zu uns selbst, fühlen uns unsicher, haben kein Selbstbewußtsein und zogen uns in unser Schneckenhaus zurück, waren ungewollt einsam und sind auf einmal total empfindlich gegenüber jedweder Äußerung der Mitmenschen geworden. Wir beziehen jede Kritik auf uns persönlich, reagieren sensibel auf Wetterwechsel. Wir vermeiden nun tunlichst jede nur mögliche Unannehmlichkeit, gehen Streit und Diskussionen aus dem Weg und spielen den Menschen Fröhlichkeit und Sorglosigkeit vor. Bloß nicht auffallen! Aber irgendwie treibt uns etwas dazu, dies zu kompensieren. Anstatt nun beispielsweise Ausgleichssport zu treiben und vielleicht sogar uns selbst genau innerlich anzusehen, schließen wir die Augen und geraten in die Versuchung, nach Alkohol oder Tabletten zu greifen. Diese Situation treibt viele Jugendliche zu Drogen, denn sie sind nicht mehr in der Lage, mißliche Umstände zu akzeptieren. Um einen neuen Stellenwert im Leben zu geben, ist hier Agrimony (Odermennig) sehr positiv. Andere wiederum sind zu schwach, aus eigenem Antrieb etwas zu verändern, sie sagen zu allem ja, nur um ihre innere Ruhe halbwegs zu halten. Sie laufen Gefahr, sich selbst total aufzugeben, und werden oft ausgenutzt. Sehr viele Behandler fallen in diese Stufe. Centaury (Tausendgüldenkraut) unterstützt uns, damit wir den eigenen Lebensauftrag erkennen und nicht versäumen.

Oft steuert uns unser höheres Selbst, und wir geraten in Umstände oder in Ereignisse, die mit einer einschneidenden Veränderung der Lebensumstände verbunden sind, etwa ein Umzug, Partnerwechsel oder Verlust eines Part-

ners, Neubeginn des Berufs, Pensionierung, die erste Menstruation, der Eintritt in die Menopause oder eine beginnende Schwangerschaft. All diese Geschehnisse sollten parallel mit einer inneren Wandlung einhergehen. Natürlich sind wir in dieser Phase besonders empfindlich und sensibel, vor allem dann, wenn wir unsere Ängste und unsere Unsicherheit, die aktive Teilnahme am Leben, das aufkommende Gefühl von Einsamkeit noch nicht geregelt haben. Walnut (Walnuß) gibt uns die Kraft, durchzustehen, uns selbst treu zu bleiben und vor allem auf die eigene innere Stimme zu hören.
Wir können auch gefühlsmäßig irritiert werden, weil wir kein Vertrauen zu uns selbst haben, kein Selbstwertgefühl, und gewöhnen uns an, mißtrauisch zu werden. Wir entwickeln plötzlich Neid auf andere, die selbstsicher sind. Wir werden grundlos eifersüchtig, und wir ertappen uns dabei, daß aus der Liebe zu unseren Allernächsten Haß geworden ist. Wir fangen an, andere zu verdächtigen, entwickeln Schadenfreude und sind dadurch aber gekränkt! Unsere Gefühle sind wie umgekehrt, und dabei wollen wir doch nur geliebt werden! Wie sollen wir es nur schaffen, unsere Ängste und Unsicherheiten zu kompensieren? Ja, vielleicht haben wir auch einen Anfall von Jähzorn, alles bäumt sich auf gegen die, die das innerlich erreicht haben, wonach wir uns sehnen. Holly (Stechpalme) kann wahre Wunder wirken, um unsere negativen Gefühle wieder zurückzunehmen, und uns den geistigen Anstoß geben, die fünf Entwicklungsstufen anzusehen und an uns zu arbeiten.

6. *Mutlosigkeit, Verzweiflung*

Wir haben uns so in unser Eigenleben hineingestürzt, sind so gefangen von unseren Ängsten, dem mangelnden Selbstbewußtsein, sind so unsicher, ziehen uns freiwillig zurück, wundern uns, daß wir uns einsam fühlen, sind hypersensibel und überempfindlich geworden und sind mutlos und verzweifelt. Es fehlen uns einfach die Hoffnung und die Zuversicht. Aber an eines denken wir nicht, nämlich daß wir es sind, die diesen Zustand hervorgerufen haben! Seien Sie Ihrem höheren Selbst dankbar, denn sonst würden Sie sich doch wohl fühlen. Seien Sie dankbar, wenn Sie erkennen, daß »etwas nicht stimmen kann«. Gerade bei dieser Entwicklungsstufe der sechsten Gruppe von Dr. Edward Bach liegt unsere große Chance, uns selbst zu erkennen.
Wir haben so viel Minderwertigkeitskomplexe und so wenig Selbstvertrauen, daß wir glauben, keinen festen Boden unter den Füßen mehr zu haben. Larch (Lärche) gibt den geistigen Anstoß, mehr Selbstvertrauen zu gewinnen. Wir empfinden das Leben so bedrückend und haben das Gefühl, etwas ändern zu müssen, und glauben, daß wir schuld sind an der ganzen Misere. Wir fangen an, uns zu rechtfertigen und uns für Dinge schuldig zu finden, die nichts mit uns zu tun haben. Pine (Föhre) hilft uns, die Fehler einzugestehen – ohne Schuldgefühle und ohne sich Selbstvorwürfe zu machen. Wir sind damit wieder in der Lage, ein Verantwortungsgefühl gegenüber uns selbst und anderen zu entwickeln.
Es treten oft Zustände in dieser sechsten Entwicklungsstufe auf, in denen wir das Gefühl haben, den eigenen Aufgaben oder der übernommenen Verantwortung nicht mehr gewachsen zu sein. Wir beginnen, an uns selbst zu zweifeln,

obwohl wir alle Fähigkeiten besitzen, den Anforderungen gewachsen zu sein – einfach deshalb, weil die uralten Ängste, unsere unterdrückte Unsicherheit, die Einsamkeit und die Überempfindlichkeit wiederauftauchen. Elm (Ulme) hilft uns, die Probleme wieder in den richtigen Proportionen zu sehen und die eigenen Bedürfnisse realistischer wahrzunehmen. Unser höheres Selbst erreicht uns nicht, und wir sind in einem Zustand innerer Auswegslosigkeit. Die äußerste Grenze der Belastbarkeit ist erreicht. Wir wissen nicht mehr, was wir tun sollen. Wir sehen sozusagen kein Licht mehr im Dunkeln. Alle Ängste, die Unsicherheit, die Einsamkeit, die Überempfindlichkeit und diese Hoffnungslosigkeit brechen über uns herein. Sweet Chestnut (Edelkastanie) entwickelt in uns wieder die innere Bereitschaft, nach dem Licht zu suchen, uns wiederzufinden und bereit zu sein zu einer seelischen Erkenntnis und Wandlung.

In unserem Leben tauchen immer wieder Erschütterungen und Erlebnisse auf, doch nicht alle Menschen sind in der Lage, diese auch zu verarbeiten, geschweige denn zu verkraften. Viele leiden noch unter den Nachwirkungen von solchen Schocks und Ereignissen, auch wenn sie schon sehr lange zurückliegen. Star of Bethlehem (Goldiger Milchstern) erleichtert die Erlebnisverarbeitung und stärkt uns, unsere Ängste sowie unser mangelndes Selbstbewußtsein anzusehen und unseren stillen Kummer loszulassen. Einige fühlen sich den widrigen Umständen ausgeliefert und sehen sich als Opfer des Schicksals. Solange man das Urvertrauen noch nicht entwickelt hat, sich unsicher fühlt, aus der Realität zurückzieht und glaubt, Opfer zu sein und die anderen seien an allem schuld, hat man nicht erkannt, daß man für sein Leben selbst verantwortlich ist. Wir haben alles einmal gesät, und natürlich erntet man, was vorher gesät wurde. Willow (Weide) hilft uns, zu erkennen, daß unser Geist konstruktiv an der Lebensgestaltung mitwirkt und wir in der Lage sind, mehr Dankbarkeit zu zeigen und volle Selbstverantwortung für unser Leben zu übernehmen. Da gibt es noch die tapferen pflichttreuen und einsatzbereiten Kämpfer, die trotz aller Widerwärtigkeiten weitermachen und nicht aufgeben wollen. Nur ist ihnen die Kraft ausgegangen, um durchzuhalten. Um die eigene Leistungsgrenze zu erkennen, hilft uns Oak (Eiche), und wir können alles durchstehen.

7. *Übertriebene Sorge um andere*

Aus vielerlei Gründen haben wir alle sechs Entwicklungsstufen übergangen: das heißt, wir haben sie nicht bewältigt und die Aufgaben, an uns zu arbeiten, nicht erkannt. In uns schlummern weiterhin die unterschiedlichsten Ängste, das Selbstbewußtsein ist angekratzt, auch ziehen wir uns häufig – für andere unverständlich – zurück, fühlen uns oft einsam auf weiter Flur, sind Kritik gegenüber überempfindlich geworden, spüren jeden Wetterwechsel und sind immer wieder mutlos und verzweifelt. Aber das Leben geht weiter, und wir Menschen sind wahre Weltmeister im Kompensieren. Ja, wir haben eine Strategie entwickelt, daß uns niemand mehr in die Karten schauen kann, wir kümmern uns mit Vorliebe um die Probleme anderer. Es ist ja soviel einfacher, den Schmutz vor der fremden Tür zu erkennen, als den eigenen zu kehren!
Wir fangen an, uns unbewußt und später bewußt überall einzumischen, und wollen alle anderen organisieren und dirigieren. Oft drängen wir unsere Hilfe förmlich auf, erwarten aber dafür zum Ausgleich Dankbarkeit. Viele

Freundschaften können daran scheitern. Denn wenn wir Dank für unsere aufgezwungene Hilfe erwarten und dann nicht erhalten, sind wir beleidigt und bemitleiden uns selbst. Chicory (Wegwarte) kann uns helfen, daß wir unsere Gefühle und unsere Zuwendung spontaner zeigen, ohne dafür Dank einzufordern. Liebe ist keine Handelsware.

Andere entwickeln geradezu einen Übereifer darin, sich für eine gute Sache einzusetzen – um nur nicht die eigenen Unzulänglichkeiten anschauen zu müssen –, und wundern sich, wenn andere gar nicht mit dieser Energie überschüttet werden wollen. Wir stehen unter großer Spannung, weil wir ja unsere Energie endlich einsetzen wollen. Unser Wille ist so stark, daß wir nicht merken, wie wir Raubbau mit unseren Kräften treiben. Vervain (Eisenkraut) hilft uns, zu lernen, die eigenen Energien gezielter einzusetzen. Die Kompensation unserer Probleme ist so intensiv geworden, daß wir die ganze Kraft unserer Persönlichkeit einsetzen, um unseren Willen bei anderen durchzusetzen. Automatisch bekommen wir hier durch unseren Ehrgeiz Macht- und Autoritätsprobleme. Denn wenn wir schon nicht spuren, so sollen es wenigstens die anderen! Vine (Weinrebe) hilft uns, zwischen gesundem und unnatürlichem Ehrgeiz zu unterscheiden, und wir können innerlich großzügiger werden.

Diese Art von Kompensation gibt es auch in der Partnerschaft. Wir lieben unseren Partner so stark, daß wir uns ganz und gar mit seinen Unzulänglichkeiten identifizieren. Unsere eigenen Schwächen zu behandeln ist so mühselig, also muß der Partner herhalten. Natürlich geschieht dies alles unbewußt. Wir fangen an zu kritisieren, weil wir uns wünschen, daß der Partner wirklich perfekt ist. Was wir nicht erreicht haben, sollte wenigstens er schaffen. Wir merken dabei gar nicht, wie wir uns durch diese überkritische Haltung isolieren, und sind enttäuscht. Um mehr Verständnis für unterschiedliche Eigenschaften und Verhaltensweisen aufzubringen und uns selbst zu erkennen, kann Beech (Rotbuche) helfen.

Wir wissen instinktiv, daß in uns etwas nicht perfekt ist. Es ist uns vielleicht gar nicht bewußt, daß wir die frühen Kindheitsängste mit uns tragen, die alte Unsicherheit noch vorhanden ist, wir kein Vertrauen haben und keinen Selbstwert empfinden, nicht mehr aktiv teilnehmen an der Realität, uns eigentlich einsam fühlen, übersensibel geworden sind und manchmal hoffnungs- und mutlos. Wir haben aber als »guterzogene Bürger« alles kompensiert, kümmern uns um die Belange von anderen, geben Anweisungen, wie jeder alles richtig zu machen habe, und sind vor allen Dingen äußerst streng zu uns selbst. Wir haben feste Ansichten entwickelt und unterdrücken die ureigensten inneren Bedürfnisse. Und das alles, um perfekt und diszipliniert dazustehen. Disziplin und Überperfektion ist unser Maßstab – nur unsere Lebensfreude ging dabei verloren. Um dieses Verhaltensmuster zu sprengen, brauchen wir dringend Rock Water (Heilquellwasser). So wie der Druck des Wassers den Felsen sprengt, so sollten unsere fixierten Verhaltensmuster zerspringen und wir uns am eigenen Leben erfreuen und die eigenen Lebensbedürfnisse erkennen.

Der Siebener-Rhythmus als Archetypus der Entwicklung von der Geburt bis zum Lebensende

Das Wachstum von Mensch, Tier und Pflanze folgt gewissen Gesetzen, denen gemeinsam ist, daß sie durch Zeitzyklen bestimmt werden. Geburt, Kindheit, Jugend, Erwachsenenzeit, Alter, Greisenalter und Tod sind die uns allen wohlvertrauten sieben Hauptabschnitte im Rhythmus des körperlichen Lebens. Wenn wir das Muster, den Rhythmus, eines Vorgangs, Ereignisses oder Prozesses erfassen, erschließen sich die Gesetze des Ablaufs und der Sinn auf eine neue Weise.
Machen wir zunächst einen Exkurs in die Welt der Astrologie, in der die Zahl Sieben ebenfalls eine wichtige Rolle spielt. Im Rahmen der astrologischen Lebensbetrachtung gibt es Zeitraster, welche von den Planeten bestimmt werden. Bekanntlich arbeiteten die Astrologen der Antike mit sieben Gestirnen, und die Sieben taucht bei den »sieben Schwestern« der sagenumwobenen Plejaden wieder auf. Der Siebener-Rhythmus ist unter den astrologischen Zyklen der wichtigste! Der verstorbene Astrologe und Philosoph Thomas Ring griff den Siebener-Rhythmus auf, den auch andere Astrologen vor ihm beobachtet und als wichtig erkannt hatten, fand aber zu neuen Entsprechungen.*

Die Zahl Sieben bestimmt unsere Lebensabschnitte auf verblüffende Weise. Der Uranus zum Beispiel hat eine

---

*Siehe auch Thomas Ring, *Astrologische Menschenkunde – Kräfte und Kräftebeziehungen*, Bauer Verlag, Freiburg

Umlaufzeit von 84 Jahren, bis er die Sonne einmal umrundet hat. Die Hälfte dieser Umlaufzeit, 42 oder sechsmal sieben Jahre, entspricht genau der »Krise in der Mitte des Lebens«, von der die Psychologie spricht. Wenn der Aszendent in einem Horoskop viermal sieben Jahre vorgeschoben wird, kommt er an seinen ursprünglichen Ort und signalisiert nach der physischen Geburt mit null Jahren und einer rund 28 Jahre dauernden körperlichen Reife die psychische Geburt mit 28. Es folgen wieder viermal sieben Jahre der physischen Reife, um mit idealtypisch 56 Jahren die spirituelle Geburt zu erleben. Nach letzten viermal sieben Jahren wird die spirituelle Reife mit der Selbstverwirklichung abgeschlossen. Das sind erste Hinweise auf den Siebener-Rhythmus aus dem Gebiet der Astrologie. Sehen wir uns nun den »Planetenkalender« an, der in Siebener Schritten zählt (entnommen den Planetenbüchern des Autors; siehe Literaturhinweise).

Frühphase

Das erste Lebensjahr wird vom Mond bestimmt. Das Kind ist ganz auf die Mutter eingestellt und auf sie angewiesen. Es lebt sowohl körperlich wie seelisch mit und durch die Mutter.

Im zweiten Lebensjahr beginnt sich das Kind zu artikulieren und fängt an, mit seinem Körper nach eigenem Willen umzugehen. Dieses Jahr wird vom Merkur bestimmt.

Über dem dritten Lebensjahr steht Venus. Gemeinschaftssinn entsteht, es ist die Zeit der einfachen Märchen, des Träumens und der sinnlichen Anschauung. Ring spricht auch von »infantiler Erotik« in diesem Lebensjahr.

Im vierten Lebensjahr tritt die Ausbildung des Selbstbe-

wußtseins stärker in den Vordergrund, des Geltungsdrangs (Trotzalter!), man spricht mehr in der Ich-Form und kann mittlerweile zwischen Subjekt und Objekt klar unterscheiden. Dies ist das »Sonnenjahr«.
Das fünfte Lebensjahr ist in dieser Entsprechung das Marsjahr. Tätigkeitstrieb und Forscherdrang treten hervor, man versucht, etwas zu erbauen, und noch häufiger unterliegt man der Versuchung, die Dinge zu zerlegen. Der Ich-Wille bestimmt dieses Alter stark – jetzt muß der junge Mensch auch seine Grenzen kennenlernen. Er braucht viel körperliche Bewegung!
Im sechsten Lebensjahr machen sich Abenteuerlust und Eroberungsdrang bemerkbar. Die Seele wird aufnahmefähig für Sinnzusammenhänge und für ein spirituell-religiöses Welterleben. Dem entspricht der Planet Jupiter.
Im siebten Lebensjahr findet die Ablösung vom Kleinkindalter statt. Mit dem Eintritt in die Schule gehen soziale Anpassung, Beginn der Eigenverantwortlichkeit und Eingewöhnung in festere Strukturen einher. Hier finden wir den Planeten Saturn als symbolischen Regenten.
Von nun an geht es in Schritten von jeweils sieben Jahren weiter. Jeder Abschnitt von sieben Jahren wird in seinem Gesamtcharakter abwechselnd von einem Planeten in der geschilderten Reihenfolge repräsentiert. Zusätzlich gilt für jedes einzelne Jahr noch der symbolische Einfluß des »Jahresplaneten«.

Hauptphasen

Zu den einzelnen Lebensjahren nennen wir zuerst den Planeten, dessen symbolische Qualitäten die gesamte Spanne der jeweils sieben Jahre prägt, danach den Planeten, der in dieser Abfolge für ein Jahr lang seine »Färbung« mit dazugibt. Danach folgen die zwei Schlüsselworte, welche die Qualitäten der beiden Planeten griffig – wenn auch stark vereinfacht! – repräsentieren. Diese Schlüsselworte vermitteln einen ersten Eindruck, welche Themen, Erfahrungen, Erlebnisweisen und Qualitäten in diesem Jahr besonders wichtig sind – entweder weil Sie sie anstreben oder weil sie Ihnen zum Problem werden. Natürlich sind nicht nur diese Merkmale allein vorhanden, aber sie kennzeichnen doch recht treffend, was das übergreifende Motto darstellt. Sie werden merken, daß wir dazu neigen, die positiven Seiten des Lebens in den Vordergrund zu stellen. Probleme machen sich leider schon von selbst bemerkbar, aber wir alle richten viel zuwenig unser Augenmerk auf die Chancen, ein besseres, bewußteres und harmonischeres Leben zu führen.

8 bis 14 Jahre

Die Mondphase: Zeit des traumhaften Beginns.
Kindliche Entwicklung durch Nachahmung, bereitwillige Aufnahme von Informationen und Anschauungen, meist unbewußte Persönlichkeitsbildung durch unmittelbares Erleben. Positive Beispiele sind unabdingbare Voraussetzung für eine später sichere Lebensführung.

8 Mond/Mond	Gefühl/Familiensinn
9 Mond/Merkur	Gefühl/Sprechbedürfnis
10 Mond/Venus	Gefühl/Sehnsucht, geliebt zu werden
11 Mond/Sonne	Gefühl/Entwicklung von Selbstbewußtsein
12 Mond/Mars	Gefühl/Kräfte erproben
13 Mond/Jupiter	Gefühl/Entfaltungsmöglichkeit
14 Mond/Saturn	Gefühl/Konzentrationsfähigkeit

15 bis 21 Jahre

Die Merkurphase: Zeit der suchenden Intelligenz.

Formung eigener Standpunkte, oft noch schwankend und unreif-übertrieben; Gefahr der Verführungen und »Verirrungen«, falls keine klare geistige Führung vorhanden ist. Werte müssen von Erwachsenen klar definiert und vorgelebt werden.

15 Merkur/Mond	Verstand/wechselnde Stimmungen
16 Merkur/Merkur	Verstand/Ausdrucksfähigkeit
17 Merkur/Venus	Verstand/erste Liebeserfahrung
18 Merkur/Sonne	Verstand/Selbstbestimmung
19 Merkur/Mars	Verstand/sportliche Fähigkeiten
20 Merkur/Jupiter	Verstand/erste eigene Verdienste
21 Merkur/Saturn	Verstand/Beharrungsvermögen

22 bis 28 Jahre

Die Venusphase: Zeit der Liebe und Begegnungen.

Intime Begegnungen mit einem Du außerhalb der Familie, Erblühen des erotischen Erlebens. Einrichtung im Leben nach eigenem Geschmack und Vermögen; Ausbildung sozialer Lebens- und Genußformen.

22 Venus/Mond	Liebe/Aufbau eigener Familie
23 Venus/Merkur	Liebe/kommerzielle Interessen
24 Venus/Venus	Liebe/Sehnsucht nach Intimität
25 Venus/Sonne	Liebe/Lebensfreude
26 Venus/Mars	Liebe/erotische Höhepunkte
27 Venus/Jupiter	Liebe/Entfaltung mit dem Du
29 Venus/Saturn	Liebe/Erfahrung von Grenzen

29 bis 35 Jahre

Die Sonnenphase: Zeit schöpferischer Selbstentfaltung.

Oft erreicht man schon in dieser Phase einen Höhepunkt in der beruflichen Stellung, an Geltung und Erfolg. Aktive

Gestaltung des Lebens; Fähigkeit, Ziele zu definieren und Pläne konstruktiv umzusetzen.

29 Sonne/Mond	Ich/neue Lebensträume
30 Sonne/Merkur	Ich/intelligente Selbstkritik
31 Sonne/Venus	Ich/Harmoniebedürfnis
32 Sonne/Sonne	Ich/schöpferische Pläne
33 Sonne/Mars	Ich/energische Verwirklichung
34 Sonne/Jupiter	Ich/gesellschaftliche Erfolge
35 Sonne/Saturn	Ich/Standvermögen bei Problemen

36 bis 42 Jahre

Die Marsphase: Zeit der angespannten Durchsetzung Auseinandersetzung mit Widerständen und Rivalitäten. Entweder erklimmt man jetzt noch höhere Gipfel der Leistungsfähigkeit und des Erfolgs, oder es zeigen sich erste Verschleißerscheinungen wegen zu großer Verausgabung.

36 Mars/Mond	Energie/neue Sicht der Frau
37 Mars/Merkur	Energie/finanzielle Pläne
38 Mars/Venus	Energie/»zweiter Frühling«
39 Mars/Sonne	Energie/Stolz auf bislang Erreichtes
40 Mars/Mars	Energie/Selbstbehauptungswille
41 Mars/Jupiter	Energie/Gerechtigkeit
42 Mars/Saturn	Energie/konservative Einstellungen

43 bis 49 Jahre

Die Jupiterphase: Zeit des Erfolgs und der Reife. Besinnung auf nichtmaterialistische Werte, Öffnung für eine gelassenere Lebenseinstellung, Rücknahme allzu aggressiver Verfolgung von Zielen. Sinnsuche oder Sinnkrise bzw. »Torschlußpanik«.

43 Jupiter/Mond	Entfaltung/Entwicklung von Häuslichkeit

44	Jupiter/Merkur	Entfaltung/grundlegende Gelderfolge
45	Jupiter/Venus	Entfaltung/vertieftes Liebeserleben
46	Jupiter/Sonne	Entfaltung/sicheres Selbstvertrauen
47	Jupiter/Mars	Entfaltung/Streben nach Jugendkraft
48	Jupiter/Jupiter	Entfaltung/Wohlstand bzw. Sinnsuche
49	Jupiter/Saturn	Entfaltung/Bewahrung des Bewährten

50 bis 56 Jahre

Die Saturnphase: Zeit der Bewährung und Sicherung.
Nun muß sich Erreichtes bewähren – sowohl im Hinblick auf die soziale Stellung und die materielle Sicherung als auch hinsichtlich der persönlichen Lebensführung, bisherigen Charakterbildung und geistigen Ausrichtung. Ring spricht in bezug auf diese Zeitspanne unter anderem vom »biographischen Alter« und Memoiren sowie vom »hippokratischen Alter« und Krankheiten.

50	Saturn/Mond	Sicherung/Gefühle wiederentdecken
51	Saturn/Merkur	Sicherung/über Materielles nachdenken
52	Saturn/Venus	Sicherung/Liebe wieder mehr schätzen
53	Saturn/Sonne	Sicherung/neue Identität finden
54	Saturn/Mars	Sicherung/frische Kräfte mobilisieren
55	Saturn/Jupiter	Sicherung/höhere Werte verinnerlichen
56	Saturn/Saturn	Sicherung/Alter sichern wollen

Spätphasen

57 bis 63 Jahre

Neue Mondphase: Umstellung von mehr weltlichen Lebenszielen auf eine eher geistige Orientierung.

Gespür für die wachsende Notwendigkeit, neue überkörperliche und transzendente Lebensquellen zu erschließen und wirken zu lassen.

64 bis 70 Jahre
Neue Merkurphase: Ausbildung eines neuen Persönlichkeitsbewußtseins; zweckgebundenes Abwägen, was dem Menschen nutzt und was nicht. Dadurch weitere geistig-religiöse Zuwendung, wenn man früher dazu eine Basis gelegt hat.

71 bis 77 Jahre
Neue Venusphase: Altersharmonie; universelle Menschenliebe oder Isolierung. Bei entsprechender Seelenneigung Öffnung für das eigene spirituelle Wesen und seine kosmische Heimat. Eine gute Zeit für Meditation.

78 bis 84 Jahre
Neue Sonnenphase: Wenn das Leben zuvor bewußt geführt wurde, Erkenntnis »letzter« Dinge; bisweilen Gnadenerweise in Form von Einblicken in das Jenseits. Chance, die »innere Sonne« zu sehen. Allmähliche Lösung der bewußten Seele von den Verhaftungen an Erde und Materie.

Der Rückgang körperlicher und psychischer Kräfte hat bekanntlich mehr mit der früheren Lebensführung, mit genetischer Anlage und mit persönlichem Karma zu tun als mit dem biologischen Alter.
Mit 84 Jahren schließt sich auch der Umlaufkreis des ersten »überpersönlichen« Planeten, des Uranus. Seine Umlaufzeit von 84 Jahren läßt sich in den archetypischen Siebener-Rhythmus teilen: zwölfmal sieben.

Danach würde es vom 85. bis 91. Jahr mit einer neuen Marsphase weitergehen, danach käme eine neue Jupiterphase und danach schließlich eine neue Saturnphase. Mangels astrologischer Erfahrungen mit genügend Menschen dieser Altersstufen ist eine praxisorientierte Deutung schlecht möglich.

Die sieben Heiler – Affirmationen für eine Woche

Bleiben wir bei der Zahl Sieben, und sehen wir, wie die sieben Wochentage mit Affirmationen zu den sieben Bachgruppen verbunden werden können. Mit den folgenden Affirmationen können Sie viel dazu beitragen, die eigenen Gesundheitskräfte zu stärken und ein glücklicheres und erfüllteres Leben zu führen.
Sie mögen vielleicht damit morgens und abends zehn Minuten meditieren und sich darauf einschwingen. Tragen Sie die Affirmation (immer nur eine) den Tag hindurch im Herzen, wiederholen Sie sie gedanklich, schreiben Sie sie ab und an nieder, falls Ihnen das hilft, sich daran zu erinnern, öffnen Sie sich für die Schwingung dieser Affirmation. Visualisieren Sie dazu die passende Farbe, die durchaus auch eine Ihnen angenehme individuelle Tönung haben kann. Senden Sie diese Farbe vom Herzzentrum oder vom Kronenchakra durch sich hindurch in jene Körperzonen oder solche emotionalen Bereiche, in denen Sie diese Farbe als heilsam empfinden.

Sonntag – Gelb, Gold
1. Ich vertraue auf Gott, ich vertraue dem Leben.

Montag – Weiß
2. Ich bin innerlich stark.

Dienstag – Grün, Lemon
3. Ich lebe und entfalte mich.

Mittwoch – Blau
4. Ich suche und finde Heilung innen.

Donnerstag – Türkis
5. Ich höre auf meine innere Stimme.

Freitag – Orange
6. Ich bin dem Leben dankbar, ich bin immer mit den Energien des Lebens verbunden.

Sonnabend – Magenta, Violett
7. Ich konzentriere mich auf meine eigenen Aufgaben.

Erinnern wir uns selbst und untereinander so häufig wie möglich an diese wohltuenden und wirksamen Wahrheiten.

Die Meditation mit den Heilblüten-Farbkarten

Die sieben Bachgruppen mit den Bezeichnungen für ein Gemütsleiden entsprechen sieben positive und aktive Gesundheitskräfte, wie wir im vorigen Kapitel gesehen haben. Nun gibt es auch für jedes Bachblüten-Heilmittel eine heilende Kraft, die sich in Form einer Affirmation fassen läßt. Denn die Bachblüte mit ihrer positiven Blütenschwingung findet naturgemäß eine Entsprechung auf der Ebene der mentalen Schwingungen.
Die Autoren haben diese heilenden mentalen Kräfte in Gestalt einer Affirmation für jede der 38 Bachblüten sowie für das Notfallmittel formuliert. Auf den 39 Meditationskarten, die zu diesem Buch gehören, finden Sie auf der Vorderseite die Bachblüten als zarte Aquarellbilder mit der Bezeichnung der Gruppe, dem Namen, der Bachblütennummer und der passenden Affirmation. Auf der Rückseite sehen Sie drei Farben in konzentrischen Ringen, die sich als Meditationsfarben für die jeweiligen Blüten und Gruppen besonders eignen. Innen sehen Sie die Meditationsfarbe für spirituelle Entfaltung, im zweiten Ring jene für emotionale und mentale Harmonisierung und außen die für körperliche Heilung.
Affirmationen (auch »Kraftworte« oder »Mantras« genannt) unterstützen die positive Einstellung des Gemüts und der Gedankenwelt, stärken die Selbstheilungskräfte und öffnen für heilsame Energien aus dem, was die Erde, die Luft, das Licht und der gesamte Kosmos uns bieten.
Die Affirmationen beinhalten in verdichteter Form jene positiven Gedankenkräfte, welche die von Dr. Bach beschriebenen Gemütsstörungen (die er als Ursachen für

Krankheit erkannt hat) aufzulösen imstande sind. Gedanken, Gefühle und Worte sind machtvolle Energien. Affirmationen nutzen diese Kräfte, um positive Schwingungsfelder zu erzeugen.
Die Affirmationen zu den Bachblüten sind entstanden, weil wir erkannten, daß Dr. Edward Bach Heilung als eine Bekräftigung der positiven Energien angesehen hatte, die nicht durch einen Kampf gegen die Krankheit, sondern durch eine Intensivierung gesundheitsfördernder und -erhaltender Schwingungen erzielt wird. Nun hatte er selbst aber immer noch Negativausdrücke für seine Gruppenbezeichnungen und Problembeschreibungen für alle 38 Bachblüten-Anwendungen benutzt. Hier dürfen wir bei allem gebotenen Respekt und der großen Dankbarkeit gegenüber Dr. Bach feststellen, daß ein »Bruch« vorliegt. Dieser Bruch wird bei den sieben Gruppenbezeichnungen durch die Benennung der sieben Gesundheitskräfte geheilt.
Die Affirmationen für die einzelnen Blütenheilmittel ergeben sich aus der einfühlsamen und zugleich konsequenten Positivformulierung der von Dr. Bach selbst für diese 38 Blüten beschriebenen Gemütsstörungen!

Für jede der sieben Hauptgruppen der Bachblüten-Heilmittel geben wir drei (manchmal auch vier) spezielle Farben zur Lichtmeditation. Diese Meditationsfarben helfen feinstofflich, die Gesundung durch seelische Öffnung für überpersönliche, transzendente oder auch göttliche Heilungskräfte. Sie unterstützen die harmonisierenden Schwingungen der Bachblüten auf einer spirituellen Ebene.
Die Meditationsfarben gelten für mehrere Blüten einer Gruppe.

Der Gebrauch der 39 Heilblüten-Meditationskarten

Wählen Sie bitte pro Tag nur eine Karte aus, deren Affirmation und deren Meditationsfarbe Sie benutzen. Sie können zwar mehr als ein Bachblüten-Heilmittel am Tag nehmen, zum Beispiel je nach Bedarf eins bis vier. Zur seelisch-geistigen Einstimmung jedoch wären wir überfordert, uns auf mehr als eine Bachblüte, ihre Meditationsfarbe und ihre positive mentale Schwingung einzustimmen. Sie können diese Karte bewußt oder intuitiv auswählen.
Bei der bewußten Auswahl legen Sie die Karten wie in einem Fächer vor sich hin, entweder mit allen Blütenbildern oder mit allen Farbseiten nach oben. Nun nehmen Sie sich genügend Zeit, die Bilder zu betrachten und die Affirmationen zu lesen oder die Farbringe aufzunehmen. Die Karte, die Sie gerade eben am meisten anspricht, wählen Sie aus.
Bei der intuitiven Auswahl mischen Sie die Karten gut und fächern Sie vor sich auf, entweder mit allen Bildern oder mit allen Meditationsfarben nach oben. Sie schließen die Augen, lassen Ihre linke Hand ruhig über den Kartenfächer hin und her gleiten und suchen intuitiv jene Karte aus, von der sich Ihre Hand angezogen fühlt.
Das Bachblüten-Heilmittel der gewählten Karte nehmen Sie mehrfach am Tage ein (vier Tropfen aus dem Vorratsfläschchen auf ein Glas Wasser, schluckweise trinken).
Die dazugehörige Affirmation prägen Sie sich ein und wiederholen Sie innerlich immer wieder den Tag hindurch. Öffnen Sie sich für die Qualität dieser positiven mentalen Kraft, und lassen Sie die Affirmation der gewählten Karte zu Ihrem Begleiter und Freund werden, der Ihnen

einen ganzen Tag lang (oder solange Sie mögen) immer wieder neuen Lebensmut, frische Kraft und gelassene Zuversicht schenkt.
Nehmen Sie Meditationsfarben und Affirmation auch in eine Meditationsübung zur Schwingung der gewählten Bachblüte hinein, die Sie morgens und abends durchführen. Dazu folgende Anleitung:

Vorbereitungen

- Üben Sie, wenn Meditation für Sie neu ist, anfangs fünf bis zehn Minuten; später zwanzig bis dreißig Minuten. Entscheidend ist die Qualität, also die wirkliche Ruhe, Entspannung und geistige Öffnung, nicht die bloße Dauer.
- Stellen Sie Radio, Fernseher, Computer ab; suchen Sie sich einen ruhigen, normal temperierten Platz; stellen Sie das Telefon leise, und bitten Sie Ihre Familie, Sie während dieser wenigen Minuten einmal allein zu lassen.
- Am günstigsten ist für die meisten Menschen, morgens und abends zu meditieren; allgemein empfiehlt es sich, eine feste Zeit ins Auge zu fassen, um aus der Meditationsübung eine gute Gewohnheit werden zu lassen.
- Für den Durchschnittseuropäer ist eine bequeme, entspannte und dabei doch wache Haltung am besten; zum Beispiel im Sitzen (im Liegen schläft man leicht ein); besondere Haltungen (Schneider- bzw. Lotossitz) sind zwar im Yoga üblich, werden aber nicht empfohlen, wenn sie zu ungewohnt und deshalb mit Unbequemlichkeit oder sogar Schmerzen verbunden sein sollten.
- Oft tritt anfangs Müdigkeit auf, weil man überlastet ist oder sich der Organismus noch nicht auf die stillen und harmonischen Schwingungen meditativer Übungen

eingestellt hat. Erinnern Sie sich durch gedankliche, lautlose Wiederholung der entsprechenden Affirmation immer wieder daran, geistig hellwach zu bleiben. Und sorgen Sie für gute frische Luft.

- Fast alle Menschen, die meditieren, nehmen innere Bilder, Lichter, Farben, feine Energien oder besondere Gefühle wahr. Das ist ganz normal und natürlich. Es handelt sich um vorübergehende Erscheinungen.
- Die eigene Motivation ist ein guter Garant für das »Gelingen« von Meditation. Wenn wir uns auf höhere positive Ziele ausrichten, werden auch Verlauf und Gehalt der Meditation positiv sein.

Durchführung

- Setzen Sie sich bequem und aufrecht hin, für die kurze Zeit der Übung möglichst ungestört.
- Nehmen Sie sich Zeit, die richtige Bachblüte, Affirmation und Meditationsfarbe in Ruhe herauszusuchen (bewußte und intuitive Auswahlmethoden, siehe oben). Entscheiden Sie sich nur für eine Karte, eine Bachblüte, eine Affirmation und eine Meditationsfarbe. Die Auswahl der einen Farbe unter den drei angegebenen sollte intuitiv erfolgen, nicht verstandesgemäß. (Unsere Intuition weiß am besten, auf welcher Ebene wir momentan gerade Unterstützung gut gebrauchen können.)
- Lesen Sie die Affirmation, und prägen Sie sich diese gut ein.
- Dann schließen Sie die Augen und atmen dreimal oder öfters tief durch die Nase ein, so daß nicht nur die Lungen, sondern auch Zwerchfell und Flanken und der gesamte Körper mit allen seinen Zellen gut mit frischer Luft gefüllt werden – sozusagen bis in die »Zehenspit-

zen« hinein. Danach atmen Sie jeweils tief und entspannt durch den Mund aus.

- Stellen Sie sich nun auf die Affirmation ein: Sprechen Sie die Affirmation mindestens zehnmal geistig aus, in Ihren Gedanken, langsam und bedacht, voller Sammlung auf den Inhalt dieser positiven mentalen Kraft, welche in der Affirmation enthalten ist. (Notfalls können Sie zu Beginn die Affirmation auch einige Male halblaut vor sich hin sprechen, um sich über den Wortlaut noch einmal klarzuwerden.)
  Ziel dieses Übungsteils ist es, daß sich Ihr Denken und Fühlen ganz auf die Schwingung der Affirmation einstellen kann und Sie ihre Kraft in sich spüren, aufnehmen und »speichern«!
- Nach einiger Zeit lösen Sie Ihre Aufmerksamkeit von der Affirmation und lenken Sie auf die von Ihnen gewählte Meditationsfarbe.
  Stellen Sie sich vor, daß diese Farbe als ein klares, wohltuendes und heilsames Licht in Ihren Körper einströmt – je nachdem, was Ihnen lieber ist, von oben über das Scheitelzentrum, vom Herzen oder vom Bauch her. Erleben Sie, wie sich das wundervolle, harmonische und Gesundheit ausstrahlende Licht in Ihrem ganzen Körper ausdehnt und alle Zellen durchstrahlt.
  Manche Menschen verbinden das Einströmen des farbigen Lichts mit dem Einatmen und die Ausbreitung im Körper mit der Ausatmung. Lassen Sie das Licht dann immer auch mitsamt der von ihm gelösten physischen Spannungen, psychosomatischen Blockaden oder geistigen Belastungen von sich ausfließen – über die Füße in den Boden (eventuell auch über das Bauchzentrum oder über die ganze Haut in die Luft).
- Führen Sie diese Übung, während deren Sie visualisie-

ren, wie von oben farbiges Licht in Sie einfließt, einige Minuten durch bzw. so lange, wie es Ihnen angenehm ist. Öffnen Sie sich ganz bewußt für die feinen heilsamen Schwingungen und Energien des farbigen Lichts.

- Schließen Sie die Übung ab, indem Sie sich erneut ganz bewußt und hellwach auf Ihre Affirmation ausrichten, sie gedanklich wiederholen und in sich hineinspüren: Hat sich etwas verändert in Ihnen? Fühlen Sie sich entspannter, ruhiger, klarer, kraftvoller, bewußter oder sonst irgendwie »anders« als bei Beginn der Übung? Sind Sie ein bißchen mehr Sie selbst? Registrieren Sie am Schluß jeder Meditationsübung, ob und was sich verändert hat.
- Beenden Sie diese Übung wieder mit vertieftem Ein- und Ausatmen.

Der Übungsablauf in einprägsamer Kurzfassung

- Entspannt und aufrecht hinsetzen.
- Affirmation und Farbe heraussuchen bzw. bestimmen.
- Affirmation ins Bewußtsein einprägen.
- Augen schließen, mehrfach tief ein- und ausatmen: einatmen durch die Nase, ausatmen durch den Mund (zirka zwei bis drei Minuten).
- Gedankliche Konzentration auf Affirmation (zirka fünf Minuten).
- Visualisieren (vorstellen), wie das farbige Licht einfließt – von oben, vom Herzen oder vom Bauch. Ausströmen lassen über Füße, Bauch oder ganzen Körper (zirka fünf Minuten).
- Erspüren der Schwingung des farbigen Lichts innen (zirka fünf Minuten).
- Wiederholung der Konzentration auf Affirmation. Empfindungen, Wirkungen und Veränderungen durch die

Übung bewußt erspüren und erinnern (zirka zwei bis drei Minuten).

- Beendigung der Übung mit mehrfachem, tieferem Ein- und Ausatmen.

Die 39 Meditations-Farbkarten

Die Meditationsfarben gelten immer für eine ganze Gruppe, die Affirmationen sind von Blüte zu Blüte individuell unterschiedlich.
Wenn Sie eine unter den drei angegebenen Meditationsfarben auswählen, sollten Sie sich intuitiv führen lassen zu jener Farbe, die Sie momentan am meisten anspricht. Das sagt etwas aus über die Ebene, auf der Sie jetzt Zuspruch und Hilfe brauchen.

Gruppe 1: Mit Urvertrauen Angst auflösen

Meditationsfarben
Physisch: Violett.
Psychosomatisch: Blau.
Spirituell: Weiß oder Gold.

Affirmationen
Aspen (2): »Ich kann zuversichtlich in die Zukunft blicken. Ich werde geführt.«
Cherry Plum (6): »In mir ist eine Quelle. Ich schöpfe Kraft aus ihr, um meine Aufgabe zu erfüllen.«
Mimulus (20): »Ich darf alle belastenden Eindrücke aus der Vergangenheit loslassen. Ich schöpfe neuen Mut.«
Red Chestnut (25): »Jeder Lebensplan ist anders. Jeder führt auf seine Weise zur Vervollkommnung.«
Rock Rose (26): »Gott liebt mich und schenkt mir Zuversicht. Es gibt wieder Hoffnung.«

Gruppe 2: Durch Selbstbewußtsein fällt Unsicherheit ab

Meditationsfarben
Physisch: Türkis.
Psychosomatisch: Blau.
Spirituell: Goldgrün.

Affirmationen
Cerato (5): »Ich trage Verantwortung für mein Leben. Ich vertraue auf meine innere Stimme.«
Gentian (12): »Ich kann Schwierigkeiten meistern. Ich habe Mut, geduldig zu wachsen wie die Natur.«
Gorse (13): »Das Leben ist ein Geschenk. Ich achte und nutze es.«
Hornbeam (17): »Ich habe in diesem Leben eine Aufgabe. Die Schöpferkraft hilft mir, sie zu erfüllen.«
Scleranthus (28): »Ich bitte um inneres Gleichgewicht und Klarheit. Ich entscheide mich sicher.«
Wild Oat (36): »Ich öffne mich für Impulse meiner Intuition. Ich vertraue meiner Seele.«

Gruppe 3: Mangelndes Interesse an der Gegenwart durch aktive Teilnahme ersetzen

Meditationsfarben
Physisch: Grün.
Psychosomatisch: Gold.
Spirituell: Gold oder Weiß.

Affirmationen
Chestnut Bud (7): »Ich erkenne meine Verhaltensmuster und Fehler und bin bereit, etwas Neues daraus zu lernen.«
Clematis (9): »Ich beobachte meine Gedanken und entscheide mich bewußt, welche mich wirklich interessieren, und handle danach.«
Honeysuckle (16): »Ich schätze meine schönen Erinnerungen. Ich trage täglich bewußt dazu bei, anderen Menschen Freude zu bereiten.«
Mustard (21): »Helles, heiteres Licht hilft mir, Harmonie und Freude zu spüren und auszustrahlen.«
Olive (23): »Ich darf mir selbst Ausgelassenheit und spielerische Freude gönnen. Ich lasse neue Energien durch mich strömen.«
White Chestnut (35): »In mir ist Frieden. Diese Harmonie schenkt mir innere und äußere Ausgeglichenheit.«
Wild Rose (37): »Die Schöpferkraft hat mir die Chance zur Freiheit geschenkt. Diese Freiheit nutze ich für ein schönes und kreatives Leben.«

Gruppe 4: *Aus Einsamkeit zum Einssein finden*

Meditationsfarben
Physisch: Grün.
Psychosomatisch: Türkis.
Spirituell: Rosa.

Affirmationen
Heather (14): »Mein bester Freund ist meine eigene Seele. Ich bin all-eins mit ihr.«

Impatiens (18): »Alle Dinge haben ihre Zeit. Ich öffne mich gelassen für meine Zeit.«
Water Violet (34): »Leben ist Geben und Nehmen. Ich kann Hilfe und Liebe geben, und ich kann sie annehmen.«

Gruppe 5: Überempfindlichkeit durch Hören auf die eigene innere Führung überwinden

Meditationsfarben
Physisch: Rosa.
Psychosomatisch: Violett.
Spirituell: Weiß oder Gold.

Affirmationen
Agrimony (1): »Entwicklung bedarf auch der Festigkeit. Ich bin liebevoll und fest zugleich.«
Centaury (4): »Meine Lebensaufgabe ist es wert, daß ich sie erkenne und mich ihr bewußt zuwende.«
Holly (15): »Das Leben gibt jedem das Seine. Ich öffne mich für das Meine.«
Walnut (33): »Ich bin offen für den Austausch mit anderen und bleibe doch auf meinem Weg.«

Gruppe 6: Mit Dankbarkeit Mutlosigkeit und Verzweiflung heilen

Meditationsfarben
Physisch: Rosa (oder Hellmagenta).

Psychosomatisch: Goldgrün.
Spirituell: Weiß.

Affirmationen
Crab Apple (10): »Alles Dunkle, Schwere, Unreine atme ich aus. Ich atme Klarheit, Reinheit und Zuversicht ein.
Elm (11): »Ich höre auf meinen inneren Ruf und folge ihm.«
Larch (19): »Gott liebt mich und will mich so, wie ich mit seiner Gnade und durch meine Bemühung werden kann.«
Oak (22): »In mir spüre ich Kraft und zugleich gelassene Heiterkeit.«
Pine (24): »Ich ordne Fehler richtig ein. Ich lerne, mich auch am Unvollkommenen zu freuen.«
Star of Bethlehem (29): »Meine Seele findet Trost im göttlichen Licht.«
Sweet Chestnut (30): »Ich darf loslassen und mich von der Schöpferkraft tragen lassen.«
Willow (38): »Ich sammle neue Kraft, um mein Leben bewußter und glücklicher zu führen.«

Gruppe 7: Übertriebene Fürsorge mit Unterscheidungskraft klären

Meditationsfarben
Physisch: Türkis.
Psychosomatisch: Weiß.
Spirituell: Gold.

Affirmationen
Beech (3): »Jeder Mensch trägt Verantwortung für sein

eigenes Leben. Ich lerne zu erfahren, was meine Verantwortung ist.«
Chicory (8): »Ich kann mich selbst lieben. Ich erkenne, daß sich jeder Mensch nach seinem individuellen Lebensplan entwickeln muß.«
Rock Water (27): »Die farbige Vielfalt des Lebens ist Ausdruck schöpferischer Freude. Ich lasse diese schöpferische Freude auch durch mich strömen.«
Vervain (31): »Energien fließen in mir. Ich halte mich offen für neue Impulse, die das Leben bringt.«
Vine (32): »Ich lerne zu unterscheiden, wann ich loslassen und wann ich anpacken muß.«

Erste-Hilfe-Mittel (First Aid Remedy)

Meditationsfarben
Physisch: Violett.
Psychosomatisch: Weiß.
Spirituell: Gold.

Affirmation
»Ich bitte um Hilfe und göttliche Führung.«

Ausklang

Am Ende dieses Buchs über die segensreichen Heilwirkungen von Bachblüten in Verbindung mit Farbtherapie sollen einige ausgewählte Worte von Dr. Edward Bach selbst stehen:

»Die Ursache all unserer Schwierigkeiten ist das Ich und die Absonderung, und diese verschwinden, sobald Liebe und das Wissen um die große Einheit Teil unseres Wesens werden. Das Universum ist das objektive Angesicht Gottes; bei seiner Geburt ist es der wiedergeborene Gott, bei seinem Ende der höherentwickelte Gott. So ist es auch mit dem Menschen: sein Körper ist er selbst, veräußerlicht, eine objektive Offenbarung seines inneren Wesens; er ist Ausdruck seiner selbst, der Verkörperung seines Bewußtseins.«

»Es gibt für die Menschheit keinen halben Weg. Die Wahrheit muß anerkannt werden, und der Mensch muß sich selbst mit dem unendlichen Gesetz der Liebe seines Schöpfers vereinen.«

»Bei der Heilung gibt es sieben Stufen: Frieden – Hoffnung – Freude – Glauben – Gewißheit – Weisheit – Liebe.«

Von ganzem Herzen wünschen dic Autoren Ihnen und Ihren Lieben sehr persönlich Gesundheit und Bewußtheit, Heilung und Selbstentfaltung in Körper, Geist und Seele. Nutzen Sie die wunderbaren Heilkräfte der Natur, der Bachblüten, der Lichtfarben, der positiven Gedanken und der Meditation!

Anhang

Eine kurze Übersicht zu Bachblüten, Heilfarben und positiven Gedanken

1. Für diejenigen, die Angst haben
Sie sollten wieder Ihr Urvertrauen entdecken und Liebe entwickeln, indem Sie sich auf das Wirken und Beschützen einer höheren Kraft einstellen.
Heilfarbe: Gelb.
Heilgedanke: »Ich vertraue auf Gott.«
Bachblüten: Rock Rose, Mimulus, Cherry Plum, Aspen, Red Chestnut.

2. Für diejenigen, die an Unsicherheit leiden
Sie sollten Ihr Selbstbewußtsein und Ihr Selbstvertrauen stärken und Ihre aktive Intelligenz einsetzen.
Heilfarben: Rot und Grün.
Heilgedanke: »Ich bin innerlich stark.«
Bachblüten: Cerato, Scleranthus, Gentian, Gorse, Hornbeam, Wild Oat.

3. Für diejenigen, die ein ungenügendes Interesse für Gegenwartssituationen haben
Sie sollten die aktive Teilnahme fördern, notfalls mit Willensanstrengung.
Heilfarben: Gelb und Türkis.
Heilgedanke: »Ich lebe.«
Bachblüten: Clematis, Honeysuckle, Wild Rose, Olive, White Chestnut, Mustard, Chestnut Bud.

4. Für diejenigen, die einsam sind
Sie sollten sich für das Einssein mit dem Leben und die innere Harmonie öffnen.

Heilfarben: Grün und Rot bzw. Rosa.
Heilgedanke: »Ich finde Heilung innen.«
Bachblüten: Water Violet, Impatiens, Heather.

5. *Für diejenigen, die gegenüber Einflüssen und Ideen überempfindlich sind*
Sie sollten auf Ihre eigene innere Stimme hören lernen und Unterscheidungskraft entwickeln.
Heilfarben: Blau und Orange.
Heilgedanke: »Ich höre auf meine eigene innere Stimme.«
Bachblüten: Agrimony, Centaury, Walnut, Holly.

6. *Für diejenigen, die unter Mutlosigkeit und Verzweiflung leiden*
Sie sollten Dankbarkeit, zum Beispiel mit Hilfe von Gruppenaktivitäten und Zeremonien, stärken.
Heilfarben: Orange und Violett.
Heilgedanke: »Jeder Mensch ist immer mit den kosmischen Energien verbunden.«
Bachblüten: Larch, Pine, Elm, Sweet Chestnut, Star of Bethlehem, Willow, Oak, Crab Apple (zur Reinigung und Entgiftung).

7. *Für diejenigen, die um das Wohl anderer allzu besorgt sind*
Sie sollten Eigenverantwortung entwickeln und sich konkretes Wissen aneignen.
Heilfarbe: Grün.
Heilgedanke: »Ich konzentriere mich auf meine eigenen Aufgaben.«
Bachblüten: Chicory, Vervain, Vine, Beech, Rock Water.

Übersicht der englischen und deutschen Bachblütennamen

Die Namen und Bezugsziffern (nach Dr. Bach Centre, Mount Vernon) sind weltweit gleich, sowohl bei den Bachblütenmitteln aus dem inzwischen rein kommerziell geführten Bach-Centre in England als auch bei den sogenannten »Healing Herbs«, ebenfalls aus England, die noch nach den hohen geistigen Prinzipien von Dr. Edward Bach hergestellt werden, und bei den Schweizer und deutschen Bachblüten, die teilweise aus rechtlichen Gründen Blütenmittel, Blütenheilmittel oder anders heißen.

Agrimony (1)
Aspen (2)
Beech (3)
Centaury (4)
Cerato (5)
Cherry Plum (6)
Chestnut Bud (7)
Chicory (8)
Clematis (9)
Crab Apple (10)
Elm (11)
Gentian (12)
Gorse (13)
Heather (14)
Holly (15)
Honeysuckle (16)
Hornbeam (17)
Impatiens (18)
Larch (19)
Mimulus (20)
Mustard (21)
Oak (22)
Olive (23)
Pine (24)
Red Chestnut (25)
Rock Rose (26)
Rock Water (27)
Scleranthus (28)
Star of Bethlehem (29)
Sweet Chestnut (30)
Vervain (31)
Vine (32)
Walnut (33)
Water Violet (34)
White Chestnut (35)
Wild Oat (36)
Wild Rose (37)
Willow (38)
First Aid Remedy

Blütenverzeichnis nach den sieben Bachgruppen

1. Gruppe: Angst – positive geistige Kraft: Urvertrauen

Rock Rose (26)	Gelbes Sonnenröschen
Mimulus (20)	Gefleckte Gauklerblume
Cherry Plum (6)	Kirschpflaume
Aspen (2)	Zitterpappel
Red Chestnut (25)	Rote Kastanie

2. Gruppe: Unsicherheit – positive geistige Kraft: Selbstvertrauen

Cerato (5)	Bleiwurz
Scleranthus (28)	Einjähriger Knäuel
Gentian (12)	Bitterer Enzian
Gorse (13)	Stechginster
Hornbeam (17)	Hainbuche
Wild Oat (36)	Waldtrespe

3. Gruppe: mangelndes Gegenwartsinteresse – positive geistige Kraft: aktive Anteilnahme

Clematis (9)	Weiße Waldrebe
Honeysuckle (16)	Jelängerjelieber
Wild Rose (37)	Heckenrose
Olive (23)	Olive
White Chestnut (35)	Weiße Kastanie
Mustard (21)	Ackersenf
Chestnut Bud (7)	Knospe der Roßkastanie

4. Gruppe: Einsamkeit – positive geistige Kraft: Einssein

Water Violet (34)	Sumpfwasserfeder
Impatiens (18)	Drüsentragendes Springkraut
Heather (14)	Heidekraut

5. Gruppe: Überempfindlichkeit – positive geistige Kraft: Eigenverantwortung

Agrimony (1)	Odermennig
Centaury (4)	Tausendgüldenkraut
Walnut (33)	Walnuß
Holly (15)	Stechpalme

6. Gruppe: Mutlosigkeit und Verzweiflung – positive geistige Kraft: Dankbarkeit

Larch (19)	Lärche
Pine (24)	Föhre
Elm (11)	Ulme
Sweet Chestnut (30)	Edelkastanie
Star of Bethlehem (29)	Goldiger Milchstern
Willow (38)	Weide
Oak (22)	Eiche
Crab Apple (10)	Holzapfel

7. Gruppe: übertriebene Sorge um das Wohl anderer – positive geistige Kraft: Unterscheidungskraft

Chicory (8)	Wegwarte
Vervain (31)	Eisenkraut
Vine (32)	Weinrebe
Beech (3)	Rotbuche
Rock Water (27)	Heilquellwasser

Das Erste-Hilfe-Mittel (Notfallmedizin, Rescue Remedy) ist eine Kombination von Bachblüten, die als Tropfen und als Salbe erhältlich ist. Als Tropfen trägt es entweder keine Nummer oder die Nummer 39; die Salbe trägt keine Nummer. Rescue Remedy zählt nicht zu einer der sieben Gruppen, sondern steht für sich.

Einnahme der Bachblüten und Bezugsquellen

Die Bachblüten-Heilmittel sind Tropfen, die man je nach Fall und nach Intensität der Beschwerden zum Beispiel drei- bis fünfmal am Tag zu je vier bis fünf Tropfen einnimmt – bis zur nachhaltigen Besserung. In Notfällen nimmt man sie stündlich. Man kann die Bachblüten-Tropfen auch in feuchten Umschlägen oder Bädern verwenden. Sie wirken übrigens ebenso bei Tieren! Vom kombinierten »Erste Hilfe-Mittel« gibt es wie gesagt auch eine Salbe. Die Heilmittel enthalten keine Teile der Blüten und Pflanzen mehr, sondern nur noch die »Schwingung« bzw. die »Information« der ursprünglichen Substanz, ähnlich wie homöopathische Mittel. Die Bachblüten-Heilmittel sind also zum Informationsträger von Gesundheit und Harmonie geworden.

Die Fläschchen sind sogenannte »stock bottles«: Vorratsfläschchen, die die Bachblütenessenzen als »Konzentrat« enthalten (Verdünnung siehe nächsten Abschnitt: »Anleitung zur Selbstzubereitung der Blütenessenzen«).

Bachblüten-Heilmittel gibt es von zwei englischen Herstellern sowie von Schweizer und deutschen. Im Gegensatz zu manchen Behauptungen sind die Qualitätsunterschiede nicht davon abhängig, wo und von wem eine derartige Arznei hergestellt wird (schon gar nicht davon, ob es angeblich »original« und »autorisiert« ist – denn Dr. Bach selbst hat keinen einzigen heute lebenden Menschen zu irgend etwas autorisiert; auch bei den allopathischen Mitteln gibt es ja inzwischen exakt identische »markenlose« Arzneien). Es geht statt dessen im Sinne von Dr. Bach darum, in welchem Geist und mit welcher Motivation

die Bachblüten-Heilmittel hergestellt und vertrieben werden.
Die englische Healing Herbs von Julian Barnard und auch die Schweizer Blütenmittel sind zur Zeit unserer Ansicht nach besonders empfehlenswert. Am besten probieren Sie natürlich selbst aus, welche Mittel Ihnen persönlich helfen.

Bezugsquellenhinweise

Die arzneirechtliche Situation ist im Umbruch, auch im Zusammenhang mit der EG. Bachblütenmittel sind in England und in der Schweiz frei verkäuflich. Man erhält sie sogar bei Harrod's in London, in Reformhäusern, bei Kräuterdrogerien, zum Beispiel in der Chrüter-Drogerie in Schaffhausen etc.
In Deutschland sind die Bachblütenmittel nach einer Gesetzesänderung ab August 1994 nicht mehr rezeptpflichtig, stehen aber noch unter Apothekenpflicht. Fragen Sie auch Ihren Heilpraktiker bzw. Apotheker nach leicht zugänglichen Bezugsquellen und auch nach dem Bezug von Vorratsfläschchen zum Selbermischen. Notfalls kann man sie selbst herstellen (siehe unten, »Anleitung zur Selbstzubereitung der Blütenessenzen«).

Einige ausgewählte Bezugsadressen

Deutschland:
Blütenessenzen-Vertrieb
Almstraße 4
D-84424 Burgrain
Tel.: (0 80 83) 96 80
Fax: 96 81

Dr. Bach Blütenessenzen
M. Scheffer
Himmelstraße 9
22299 Hamburg
Tel.: (0 40) 4 80 67 80
Fax: 4 39 05 28

Schweiz:
Chrüter-Drogerie
Unterstadt 28
CH-8200 Schaffhausen
Tel.: (0 53) 24 50 30

Österreich:
Drogerie Wimmern
St.-Berthold-Allee 23
A-4451 Garsten
Tel.: (0 72 52) 53 13 14
Fax: 5 31 31 16

Großbritannien:
Healing Herbs
P. O. Box 65
Hereford, HR 2 OUW

Anleitung zur Selbstzubereitung der Blütenessenzen

Wir möchten ausdrücklich darauf hinweisen, daß wir die Selbstzubereitung nicht für den Normal-, sondern nur für den Notfall empfehlen. Denn die Schwierigkeiten bei der Selbstzubereitung liegen unter anderem im Zugang zu sehr frischen, gesunden Blüten kräftiger, naturbelassener Pflanzen, zudem in einer Artenvielfalt, wie man sie nicht ohne weiteres an einem Ort vorfindet.
Es gibt nach Dr. Edward Bach zwei Methoden der Zubereitung: die »Sonnenmethode« und die »Kochmethode«.

Die Sonnenmethode

Man nimmt eine dünnwandige Glasschüssel, die mit dem reinsten Wasser gefüllt wird, das zur Verfügung steht (wenn möglich, mit Wasser aus einer nahen, frischen, reinen Quelle). Die entsprechenden Blüten werden von den Pflanzen gepflückt und umgehend auf die Wasseroberfläche gelegt, so daß sie diese schwimmend ganz bedecken. Man läßt die Schüssel mit den Blüten drei oder vier Stunden im strahlenden Sonnenlicht stehen (kürzer nur dann, wenn die Blüten erste Zeichen des Verwelkens zeigen). Dann nimmt man die Blüten vorsichtig aus der Schüssel und gießt das Wasser in saubere Flaschen, die nur halb gefüllt werden. Dieses Wasser wird ungefähr mit der gleichen Menge Weinbrand oder Cognac (Brandy) zur Haltbarmachung des Wassermittels aufgefüllt. Das sind unsere Vorratsflaschen, die sogenannten »stock bottles«, aber nicht die Anwendungstropfen zur direkten Einnahme!

Aus diesen Flaschen werden wenige Tropfen für die Zubereitung der Dosierfläschchen entnommen (Arznei- bzw. Tropffläschchen für zirka 20 bis 30 Milliliter bzw. Gramm). Diese Fläschchen werden zu zwei Dritteln mit Wasser und einem Drittel mit Weinbrand aufgefüllt (für Kinder kann man statt des Alkohols auch Obstessig nehmen).
Mittels der Sonnenmethode werden folgende Bachblütenessenzen zubereitet: Agrimony, Centaury, Cerato, Chicory, Clematis, Gentian, Gorse, Heather, Impatiens, Mimulus, Oak, Olive, Rock Rose, Rock Water, Scleranthus, Wild Oat, Vervain, Vine, Water Violet, White-Chestnut-Blüten. Rock Water, Heilquellwasser aus naturbelassenen und unverbauten Quellen, kann – nachdem man es sich, frisch geschöpft, in einer oben offenen Glasschüssel im Sonnenschein noch weiter »aufladen« läßt – auf die gleiche Weise haltbar gemacht und benutzt werden.

Die Kochmethode

Die restlichen Bachblütenessenzen werden in sauberem, reinem Wasser eine halbe Stunde lang gekocht. Anschließend gießt man die Flüssigkeit durch ein Sieb oder am besten durch ein sauberes Leinentuch und einen Trichter in Flaschen, die nicht zu kalt sein dürfen, damit sie nicht platzen, und läßt die Flüssigkeit abkühlen. Danach füllt man sie wieder mit Weinbrand auf.

Weitere Hinweise

Chestnut Bud: Die Knospen der Roßkastanie werden vom weißen Kastanienbaum gepflückt, gerade bevor sie aufbrechen. Bei den anderen Mitteln sollten die Blüten zusammen mit kleinen Stückchen der Stengel zum Kochen verwendet werden; wenn es junge Blätter gibt, nimmt man davon ebenfalls einige.
Obwohl manche dieser Pflanzen ursprünglich aus Südeuropa und Vorderindien stammen, sind sie doch inzwischen in Mitteleuropa heimisch.

Bachblüten und Homöopathie

Viele Patienten/-innen und Lehrgangsteilnehmer/-innen fragen immer wieder: »Wäre es nicht sinnvoll, die Bachblüten homöopathisch einzunehmen?«
Dazu sollte zunächst einiges über die Wissenschaft der Homöopathie bekannt sein: Der Begründer oder Entdecker der heutigen Homöopathie ist Dr. Samuel Hahnemann (1755 – 1843). Er veröffentlichte im Jahre 1810 die Grundlagen der Homöopathie in seinem klassischen Werk *Organon der Heilkunst*. Hahnemann formulierte darin den Kernsatz: »Similia similibus curentur«. – »Ähnliches werde durch Ähnliches geheilt.«
Er fand heraus, daß ein Medikament, das bei einem Gesunden bestimmte Symptome hervorrufen kann, einen Kranken mit ähnlicher Symptomatik zu heilen vermag – wenn es homöopathisch »potenziert« wurde (wir erklären weiter unten, was das heißt).
Sein erstes homöopathisches Mittel war »China«, das er an sich selbst ausprobierte. Er stellte fest, daß die Chinarinde bei ihm Symptome wie bei Malaria hervorbrachte. Wenn einem Malariakranken eine Dosis homöopathisches »China« verabreicht wird, kann er dadurch geheilt werden.
Ein anderes Beispiel: Durch zuviel Kaffeegenuß werden Sie überdreht und können nicht einschlafen. »Coffea« als homöopathisches Mittel kann diesen Zustand heilen.
Wir haben es also mit einer Umkehrwirkung zu tun von Mitteln, die als homöopathisch potenzierte Medikamente genau entgegengesetzt wirken, wie sie es als ursprüngliche Substanzen tun.

Homöopathische Potenzierung oder »Verschüttelung« heißt, daß die Ursubstanz immer weiter verdünnt und dabei mit dem Trägermedium – zum Beispiel Wasser oder Alkohol – »verschüttelt« wird. Ein französisches Forscherteam fand vor einigen Jahren heraus, daß die Wirkung – selbst wenn kein einziges materielles Teilchen der ursprünglichen Substanz mehr im Mittel vorhanden ist – darauf beruht, daß durch die Verschüttelung die »Information«, die Schwingung, der Ursubstanz auf das Trägermedium übertragen wird. Eine Verdünnung, allerdings ohne gleichzeitige Verschüttelung, geschieht ja bei der Sonnenmethode der klassischen Bachblütenzubereitung ebenfalls.
Kochsalz zum Beispiel ist ein Bestandteil der täglichen Nahrung. Niemand würde auf die Idee kommen, es als Heilmittel zu betrachten, höchstens bei Salzmangel. Kochsalz aber, das 200mal im Verhältnis 1:100 homöopathisch verdünnt und nach jedem Verdünnungsschritt entsprechend geschüttelt wurde, ergibt das homöopathische »Natrium muriaticum C200« (C für *centum* = 100).
Wenn nun ein Gesunder dieses homöopathische Mittel bekommt, zeigen sich folgende Symptome: starke Trockenheit der Schleimhäute, oft Erschöpfung und große Müdigkeit, unbegründetes Tränen der Augen und Schnupfen.
Wenn jedoch ein Kranker genau die gleichen Symptome hat – die bei ihm aber ausgelöst wurden hauptsächlich durch Ärger, Angst und Kummer – und sich diese Symptome bereits »verfestigt« haben (stark vereinfacht ausgedrückt), dann braucht er das homöopathische Mittel Natrium muriaticum.
Da bereits alle Bachblüten sozusagen vergeistigt sind, kam ich mit einigen Kollegen überein, die Bachblüten homöopathisch zu potenzieren. Ich setze homöopathisch poten-

zierte Bachblüten besonders ein, wenn es sich um ein altes Verhaltensmuster handelt oder wenn bei den »Heilblüten-Farbkarten« die dreifarbige Meditationskarte gewählt wurde. (Es gibt auch einfarbige Meditationskarten zum Behandeln von körperlichen Beschwerden. Sie sind zusammen mit den dreifarbigen Karten, die zu diesem Buch gehören, bei AG Müller erhältlich.) Bisher habe ich verblüffende positive Reaktionen beobachten können. Für einen Erfahrungsaustausch bin ich stets bereit.
Bei den von Hahnemann entdeckten Homöopathika ging und geht es neben wichtigen Gemütssymptomen immer noch um eine Vielzahl sensorischer und körperlicher Symptome, die beachtet werden müssen. Bachs Ansatz besteht jedoch darin, daß sich der Geist den Körper »baut« und sich deshalb Prinzipien und Wirkungen seiner Blütenheilmittel zuerst und direkt auf positive geistige Heilschwingungen beziehen.
Aus all diesen Gründen, die hier natürlich nur kurz angedeutet werden konnten, bin ich der Ansicht, daß beide Heilmethoden – Homöopathie und Bachblüten – ihren Sinn und Wert besitzen, daß man sie auch komplementär miteinander einsetzen kann.

Literatur und Kassetten

Bücher

Die richtige Schwingung heilt, Ingrid S. Kraaz und Wulfing von Rohr; Goldmann, München. Zur Kombination von Bachblüten mit anderen Naturheilverfahren wie Zellsalze und Notfallhomöopathie.

Die Farben deiner Seele, Ingrid S. Kraaz und Wulfing von Rohr; Goldmann, München. Ein umfassendes Werkbuch, mit 12-Farben-Test, 70 Farbtherapievorschlägen und Anleitung zur Aura- und Chakraarbeit.

Die neue Weiblichkeit, Ingrid S. Kraaz von Rohr; Kösel, München. Handbuch zur Naturheilkunde für Frauen, mit Sonderteil über sanfte Medizin und Bachblüten bei sogenannten Frauenbeschwerden.

Natürliche Umwelt-Medizin, Ingrid und Wulfing von Rohr; Bauer, Freiburg. Praxisbuch zur Gesundheit in einer von Umweltrisiken bedrohten modernen Welt.

Heilen aus Glaube, Licht und Natur, Ingrid Kraaz von Rohr; Heyne, München. Eine Hausapotheke für die ganze Familie mit über 300 Heilungshinweisen.

Meditation – Kraft aus der Mitte, Übungen für Anfänger und Fortgeschrittene von Wulfing von Rohr; Goldmann, München.

Es steht geschrieben … Ist unser Leben Schicksal oder Zufall? Von Palmblattbibliotheken und anderen heiligen Schriften, Wulfing von Rohr; Ariston, Genf – München.

Karten, Audio- und Videokassetten

Heilblüten-Farbkarten, Ingrid S. Kraaz und Wulfing von Rohr; AG Müller, CH-Neuhausen. Die Hilfe zum Herausfinden der Bachblütenmittel über Aquarelle und Zeichnungen sowie über Heil- und Meditationsfarben; besonders für Menschen, die über das Bild verstehen, sowie für Kinder.

Gesundheitskarten: Farbtherapie und Kräuterheilkunde auf Karten, Ingrid S. Kraaz und Wulfing von Rohr; AG Müller CH-Neuhausen.

Die sieben Heiler, Meditations- und Informationskassetten zu den Bachblüten und den sieben Gruppen mit Ingrid S. Kraaz von Rohr und heilsamer Musik; Bauer Tonprogramm, Freiburg.

Meditationen zur neuen Weiblichkeit – Gesichter der Göttin, Meditationskassette von und mit Ingrid S. Kraaz von Rohr, mit Musik von Deuter u.a.; Bauer Tonprogramm, Freiburg.

Bachblüten-Klänge und Meditationstexte, MC und CD von Shantiprem und Ingrid S. Kraaz v. Rohr; Bauer Tonprogramm, Freiburg.

Die richtige Farbe heilt, Video-Intensivkurs von und mit Ingrid S. Kraaz von Rohr; Bauer Videoprogramm, Freiburg. Dieses Kursvideo zeigt Farbtherapie in der Praxis.

Aufruf zur spirituellen Verantwortung – Liebe, Einheit und Friede: Vorträge und Gespräche von und mit dem Dalai Lama, Pir Vilayat Khan, Padre Maximilian Mizzi und Sant Rajinder Singh; Interviews von Wulfing von Rohr; Ch. Falk Verlag, Seeon.

Empfohlene Bücher anderer Autoren

Dr. Edward Bach – gesammelte Werke; Aquamarin Verlag, Grafing. Dieser Sammelband bringt eine Zusammenstellung von Schriften des Forschers und Heilers und informiert über seine geistigen Hintergründe.
Liebe auf Schritt und Tritt, Darshan Singh; Fischer, CH-Münsingen. Der deutsche Titel ist irreführend – das Original heißt *Die Wunder der inneren Welten*. Ein besonders empfehlenswertes Buch für Menschen, die ihre geistige Bestimmung suchen.

Informationen über kostenlose Broschüren und Meditationstreffen zur Meditation mit Licht und Ton über »Wissenschaft der Spiritualität«:

Deutschland:
Helga Kammerl
Jägerberg 21
D-82335 Berg
Tel. (0 81 51) 5 04 49

Schweiz:
Angela Seiler
Tödistraße 20
CH-8002 Zürich
Tel. (01) 2 02 23 72

Österreich:
Herbert Wasenegger
Mautner Markhofgasse 13-15/V/3
A-1110 Wien
Tel. (02 22) 7 45 40 55

Seminare und Bezugsquellen

Ingrid S. Kraaz v. Rohr hält Vorträge, Seminare und Fortbildungskurse zu den Themen Bachblütentherapie, Bachblüten in Kombination mit anderen Naturheilweisen, Farbtherapie, natürliche Umweltmedizin und spirituelle Naturheilkunde für Frauen. Diese Seminare werden als Wochenendkurse für Laien und für Behandler/-innen angeboten sowie als Gesundheitswochen und Ausbildungskurse. Kursprogramm und Anmeldung direkt bei folgenden Adressen:

Deutschland:
U.L.C.C.
Universal Light and Colour Center
H & P GmbH
Auf der Eierwiese 14
D-82031 Grünwald
Tel.: (0 89) 6 41 74 00 oder 6 41 11 10
Fax: 6 41 76 08

Internationale Akademie für
Natürliche Komplementär-Medizin
Ingrid S. Kraaz v. Rohr
Waldweg 8
D-82031 Grünwald
Tel./Fax: (0 89) 6 41 11 10

Schweiz:
INTEGRA
Marlyse Keller
Morgartenstraße 9
CH-6003 Luzern
Tel.: (0 41) 23 30 09
Fax: 23 30 19

Österreich:
Raimund Engel
Sieveringerstraße 126/4
A-1190 Wien
Tel.: (01) 44 30 08
Fax: 44 42 51

Farb-Energie-Set

Zur Harmonisierung, Aktivierung und direkten Aufnahme von Farbenergie gibt es das Farb-Energie-Set. Es besteht aus zwölf Farbkarten, die zur Energetisierung von Wasser benutzt werden (Preis: zur Zeit 33,- DM). Bezugsquelle: wie oben (Seminare).

Farbakupunkturlampe

Zur Aktivierung der Chakren und Kraftzentren, zur Farbtherapie, Farbakupunktur und zur Farbmeditation sowie Experimenten bietet die Firma Life Energy Products Santa Fe eine professionelle Farblampe an, die von der Autorin empfohlen wird, die MultiColorCombi.

Es ist eine Farbhandlampe mit einem Quarzglas-Pyramidenaufsatz zur Farbakupunktur sowie zweimal zwölf verschiedenen Farbfiltern, die beliebig kombiniert werden können.
Diese Farbhandlampe eignet sich für Punkt-, Akupunktur- und Spotfarbbestrahlung (nicht für großflächige oder Ganzkörperbestrahlung). Sie kostet im kompletten Set zur Zeit etwa 240,- DM.

Die Lampe ist in den Seminaren der Autorin erhältlich oder über folgende Bezugsquellen:

Deutschland:
WRAGE Versandservice
Schlüterstraße 4
D-20146 Hamburg
Tel.: (0 40) 45 52 40
Fax: 44 24 69

Schweiz:
Buchhandlung Scherz
Marktgasse 25
CH-3012 Bern
Tel.: (0 31) 22 68 37

Österreich:
Raimund Engel
Sieveringerstraße 126/4
A-1190 Wien
Tel.: (01) 44 30 08
Fax: 44 42 51

Register der Bachblüten und Heilfarben

Bachblüten

Heilfarben

Knaur

ALTERNATIV HEILEN

(76021)

(76019)

(76020)

(76004)

(4259)

(76003)